KB032230

사익론

사익이 세상을 발전시킨다

사익론

사익이 세상을 발전시킨다

현진권 엮음

백년동안

차례

엮는 글
우리에게 '사익'은 어떤 의미를 주는걸까? 8

'사익 추구'는 아름답다 _신중섭

'사익 추구'는 아름답다 17
사익이란 무엇인가? 21
사익 추구에 대한 부정적 생각들 24
사익 추구에 대해 애덤 스미스가 열어준 새로운 세계 30
이타적인 것과 공공적인 것 37
사익의 역할과 전제 조건 40
국가의 역할 43

사익 추구의 경제적 의미 _권혁철

집중포화를 맞는 사익(私益) 49
사익 추구, 그리고 탐욕 53
자기 이익 추구의 경제적 역할 56
사익 추구와 사회적 협력과 조화 60

시장의 사익은 허하고 정치의 사익은 금해야 _정기화

사익 추구의 명암 69
사익 추구는 인간의 본성 73
재산권은 사익 추구를 사회적 이익으로 인도하는 등대 76
재산권을 위협하는 국가권력 80
사적 재산권의 등장과 보호 85
시장의 사익 추구는 허하고, 정치의 사익 추구는 금해야 89

사익 추구를 길들이는 것은 자유시장 _민경국

홉스문제(Hobbesian Problem) 93
생물학적 진화와 이타심: 이타적 유전자 95
문화적 진화: 이기심 100
열린사회와 홉스적 문제의 해결: 자생적 질서 106
국가의 역할과 자유주의 공익개념 112
이기심을 규제하는 자율메커니즘 115

사익 없이는 '공익'도 없다 _김행범

사익 개념의 왜곡 119
왜 사익은 박해받는가?: 사익 증오의 원조는 플라톤 123
사익은 이타적 속성도 있다 126
'공익'도 이기적 이익에 불과할 수 있다 130
사익을 떠나 공익이 따로 존재하는가? 132
공익은 "사익으로부터" 만들어질 뿐이다 137
결어: 사익이 곧 공익이다 140

사익 추구와 공익 실현 _황수연

사익과 공익의 관계 147
시장 거래와 합의 153
규칙의 선택과 만장일치 합의 159
집합적 행동에서의 합의 증대 방안들 168
해법 : 시장 거래 173

이타주의와 사익 추구는 모순인가? _김승욱

종교와 사익 추구 177
사익 추구에 대한 기독교의 오해 179
기독교는 사익 추구를 부정하지 않는다 188
이타주의는 시장경제에 긍정적인 역할을 한다 194
이타주의와 사익 추구는 갈등이 없다 199

엮는 글

우리에게 '사익'은 어떤 의미를 주는 걸까?

사익의 영어표현은 'self-interest'이고, 좀 더 풀어서 표현하면 '개인의 이익'이다. 흔히 '이기심'으로도 표현된다. '사익'의 대칭 언어로 '공익'이 있다. 그래서 사익은 항상 공익과 어울려 설명된다. 즉 사익에 대한 독립적 개념이 있다기보다는 공익과 한 패키지로 설명되는 경우가 많다. 서로 대칭이면서 반대개념으로 접근하다 보니, 우리 감성에 단순하게 꽂힌다. 공익은 좋은 것이고, 사익은 나쁘다는 것이다.

조선시대 성리학 체계에서 사익은 '사사로운 이익'으로 소인배의 추구영역으로 치부되었다. 실제로 성리학의 많은 대가들 중 사익을 긍정적으로 평가한 사람은 거의 없다. 그래서 사익을 추구하는 상인은 가장 낮은 계급에 있어야 했다. 조선시대의 '사농공상'이 가지는 의미다. 선비는 공익을 위한다는 미명 하에 자연스럽게 관직을 맡아 공익을 수행하는 것으로 생각되었다. 사익은 상인이라는 소인배들이 추구하는 영역으로 멸시받는 개념이었다. 그런 인식이 아직도 시장경제 체제에 살고 있는 대한민국 국민들의 마음에 남아있다.

대한민국의 시장경제 역사는 1948년 8월 15일부터 시작되었다. 그 이전에 우리 역사에 시장경제란 없었다. 시장경제는 서양에서 출발했다고 봐야 한다. 그런데 시장경제에서 가장 중요한 개념은 사익이다. 시장경제의 이론을 정립한 애덤 스미스의 경제학에서 가장 중요한 것은 사익을 인간 본성으로 본다는 것이다. 즉, 사익 추구는 나쁜 것이 아니라는 것이다. 오히려 사익을 추구함으로써 공익마저도 보장되는 결과를 낳는 제도가 시장경제이다.

결국 시장경제의 핵심은 사익 추구이며, 이런 관점에서는 사익을 신성하게 보고 개인의 사익 추구를 최대한 보장하는 제도를 만들어야 한다. 그래서 애덤 스미스에서 사익은 공익에 앞선다. 사익을 추구하다 보면 시장경제라는 '보이지 않는 손'의 메커니즘에 의해 공익을 극대화하게 된다는 것이다. 거꾸로 사익보다 공익을 앞세우는 사람을 애덤 스미스는 신랄하게 비판한다. 공익을 얘기하는 사람치고 진정으로 공익을 추구하는 사람을 본 적이 없다고 설파하였다. 시장경제의 본질은 사익에 있지, 공익에 있지 않다는 것이 핵심이다.

대한민국은 서구제도인 시장경제를 도입하였지만, 우리 인식은 시장경제 본질과는 괴리가 있었다. 우리는 아직도 사익을 소인배가 추구하는 행위이자 억제해야 하는 본성이라고 인식한다. 시장경제의 본질과 우리 인식 간에 괴리가 있으면, 우리의 시장

경제 발전에 장애가 된다.

한국은 앞으로도 계속 발전해서 선진국이 되어야 한다. 여기에 반대하는 대한민국 국민은 없을 것이다. 그러나 시장경제는 국민들의 인식수준과 비례해서 발전하게 된다. 사익을 나쁜 것으로 보고, 억제해야 할 인간본성으로 취급하게 되면, 우리의 시장경제는 더 발전할 수 없다.

한편 사익의 연장선에는 기업의 이윤이 있다. 사익처럼 기업의 이윤 추구 행위는 정당한 것이다. 긍정적으로 인식되어야 한다.

그러나 우리의 인식은 조선시대에서 벗어나지 못하고 있다. 사익과 기업 이윤을 억제하는 정책을 강제하는 것이 정의롭고 공익을 위한다고 착각한다. 우리 사회에서 열병처럼 번지고 있는 상생, 동반성장, 경제민주화 등의 구호들이 사익에 대한 우리의 인식수준을 반영한다.

사익에 대한 우리의 인식을 바꿔야 한다. 이는 우리가 경제성장을 지속적으로 해야 하고, 선진국이 되어야 한다는 말과 같다. 우리의 인식수준이 정책방향을 결정하고, 정책이 우리의 미래를 결정하기 때문이다. 사익을 마냥 나쁜 것으로만 보고 말로만 '정의'를 외치는 공허함이 번질 때, 우리 사회는 퇴보할 수밖에 없다.

본 책자는 사익에 대한 우리의 인식을 돕기 위해 만들어졌다. 사익을 체계적으로 분석하기 위해 한 분의 철학자, 네 분의 경제학자, 두 분의 행정학자들이 모였다. 일곱 분들은 사익에 대한 올바른 인식을 심기 위해 정기적으로 모여 토론하였다. 각자 전공하는 분야가 다르지만, 사익의 긍정적인 면을 강조하는 데에는 의기투합할 수 있었다.

신중섭 교수는 사익에 대해 철학적으로 접근하였다. 철학자 중에서 경제학의 깊이를 이해하는 분으로서, 애덤 스미스의 시장경제는 본질적으로 사익 추구에 의해 이루어지며, 사익 추구 사회는 항상 더 풍요로워지므로, 아름답다고 설명한다. 사익 추구에 대한 부정적인 해석은 생산에 전혀 관계없는 국가권력자들이 만들어낸 하나의 신화라고 해석한다. 공익을 앞세운 국가권력은 생산에 종사하지 않으면서도 부를 누리는 혜택을 본 셈이다. 그러나 개인이 의식주를 해결하고, 자식에게 나은 환경을 제공하려는 사익 추구가 의미 있고 보람된 삶을 사는 길이며, 성직이다. 따라서 국가는 개인의 사익 추구 행위에 대한 감시자나 감독자 역할을 그만 둬야 한다.

권혁철 박사는 애덤 스미스 경제학의 본질을 쉽게 설명하고 있다. 시장경제에서 사익 추구는 타인을 무시하는 것이 아니라는 것이다. 오히려 타인의 욕구를 충족시켜야 자신의 이익도 충족시킬 수 있음을 보여준다. 사익 추구는 보이지 않는 손에 의해 자연발생적이고 자발적인 협력 네트워크를 구축하게 되는데, 이것이 시장경제의 기적이라고 표현하다. 이 과정에서 사익 뿐 아니라 공익마저 증진한다는 애덤 스미스 경제학의 핵심을 강조하였다.

정기화 교수는 시장경제의 본질을 설명하면서, 정치권과의 관계를 강조하였다. 사익은 인간의 본성이며, 이를 구체적으로 실현할 수 있는 제도의 첫걸음이 재산권이다. 재산권이 사익을 공익으로 이끄는 등대라고 표현하면서, 재산권의 중요성을 강조하였다. 그러나 정치는 항상 재산권을 위협함으로써, 사익 추구라는 본질을 왜곡하는 결과를 가져다준다. 따라서 사익을 바탕으로 한 시장경제가 발전하기 위해서는 재산권을 제한하는 정치개입을 막아야 한다. 경제시장에서 사익은 인간본성으로 인정되어야 하지만, 정치시장에선 사익 추구가 오히려 해가 됨을 그는 강조하였다.

민경국 교수는 사익 추구 행위를 진화론 사상 측면에서 보여주었다. 사익 추구만이 인간본성이 아니라는 것이다. 오히려 인간본성은 이타적이라고 해석한다. 석기시대엔 제로 섬 사회이었으며 유대감, 이다심이 지배하는 사회였고 이것이 인간의 본성이었다. 사익 추구는 후천적으로 습득한 문화적 진화의 산물이다. 문화적 진화로서 시장경제는 사익 추구를 허용했지만, 사익 추구가 공익이 되는 방향으로 길들여지는 장치라는 해석이다. 시장경제에서 보여주는 조정과정, 경쟁과정, 처벌과정 등이 사익 추구에 대한 자율규제의 메카니즘이다. 사익 추구를 본성으로 규정하고, 무조건 예찬해서 안된다고 주장한다. 사익 추구를 인간본성으로 규정하면, 시장경제에 대한 인식만 나빠진다. 오히려 시장경제엔 사익 추구에 대한 자율규제 메커니즘이 내장되어 있어서 공익으로 가도록 사익 추구를 길들인다는 해석이다. 자유주의 경제학은 사익을 좋다거나 나쁘다고 평가하지 않는다고 강조한다. 사익을 통제하고 조정하는 제도적 메커니즘을 중시해야 한다는 주장은 매우 독창적이다.

김행범 교수는 사익을 보는 관점을 공익과 연계해서 접근한 것이 특징이다. 사익은 악하고, 공익은 선한 것이란 사고는 플라톤 이후의 집단주의적 사고에 의해 우리의 언어구조 속에 각인된 것이다. 그래서 공익이란 명분으로 사익을 침해하는 예가 많이 있었다. 그러나 사익이 이타적일 수 있고, 공익도 이기적일 수 있다. 사익은 개인행동의 근본동기이며, 정부의 공익도 여기서 출발해야 한다. 공익을 내세우려면 사익부터 먼저 존중해야 하며, 사익 없이는 공익도 없다. 결론적으로 공익이란 사익의 다른 얼굴임을 강조한다.

황수연 교수는 시장경제의 사익 충족 기능과 함께 시장이 작동하지 않을 경우에 공익을 결정하는 메커니즘에 초점을 맞추었다. 기본 틀은 공공선택학적 접근방법이다. 정부가 집단의사결정을 통해 공익을 추구하는 방법에 대해 설명한다. 공익을 위한 제도는 의사결정방법에 대한 사전합의를 통해 얼마든지 만장일치가 가능하며, 그 결과는 다수결 등으로 다양하게 나타난다. 사익의 대칭적 개념으로 공익을 만족하기 위한 집단의사결정 방법에 대한 공공선택학적 설명이다.

김승욱 교수는 사익을 기독교적 관점에서 해석하였다. 일반적으로 기독교 사상과 사익은 대치하는 것으로 생각하지만, 그렇지 않음을 설명하였다. 기독교가 보는 인간은 저절로 선한 존재로 변할 수 있을 정도로 낙관적이지 않고, 반대로 강제로 질서를 잡아야만 할 정도로 비관적이지 않다. 기독교 윤리는 사익을 부정하는 것이 아니다. 그보다는 강제적 제도보다 자발적인 나눔을 통해서 사회문제를 해결하는 게 낫다는 입장이다. 따라서 기독교

윤리는 오히려 시장경제 질서를 가능하게 하는 동감 감정을 더욱 부추김으로써 시장경제가 잘 작동하는데 도움이 된다는 해석이다.

2015. 2.

현진권

'사익 추구'는 아름답다

신중섭

강원대학교 윤리교육과 교수

'사익 추구'는 아름답다

'사익(私益, self-interests) 추구'는 아름다운가? '아름다움이란 무엇인가?'라는 철학적 질문은 접어두고, 이 글은 '사익'의 아름다움을 보이려고 한다. 아름다움은 미학적 용어라 사익과는 어울리지 않는 말처럼 보이기도 한다. 그러나 다음과 같은 장면을 상상해보자.

내가 친구를 만나 커피숍에서 커피를 마시면서 정답게 이야기를 나눈다. 우리 옆에는 많은 사람들이 친구 또는 애인을 만나 정겨운 이야기를 하며 즐거워한다. 젊은 연인들은 서로 애정 어린 눈길로 미래를 이야기한다. 그윽한 커피향이 가라앉은 공간에서 많은 사람들이 모여 정담을 나누는 장면은 아름답다. 이들이 커피숍에 모여 정담을 나누는 이유는 그렇게 함으로써 누구에게 이익을 주기 위함은 아니다. 각자 자기의 필요와 이익을 위해 그렇게 한다. 커피숍은 사람들에게 공간과 커피를 제공하고 일정액의 돈을 받는다. 커피숍의 주인은 사회사업에 종사하는 것은 아니다. 자신의 이익을 위해서 그렇게 한다.

커피숍에서 커피를 마시는 사람이나 커피숍의 주인이 전혀 생각하고 있지 않은 또 하나의 장면을 생각해 본다. 아프리카 어느 커피 농장에서 일하는 농부는 자신이 재배한 커피를 누가 마실 것인가를 전혀 생각하지 않으면서 농장에 고용되어 일하고 임금을 받는다. 농부는 받은 임금으로 식량을 사고 아이를 학교에 보낸다. 아버지가 농장에서 받은 임금으로 학교에 가게 된 어린이는 장차 과학자가 되겠다는 꿈을 가지고 열심히 공부한다. 그 어린이의 꿈은 아버지보다 더 많은 돈을 벌어 부모님을 즐겁게 해주는 것이다. 이 모든 장면이 아름답다. 우리는 이런 아름다운 장면을 생각하면 저절로 입가에 웃음이 돈다. 농장에서 가족을 위해 열심히 일하는 농부나 학교에서 공부하는 그의 아들이 '인류공영'에 이바지하기 위해서 그렇게 하는 것은 아니다. 모두가 자신의 관심과 이익을 위해서 그렇게 한다.

이런 상황에서 힌트를 얻어 어느 커피 회사는 "여러분이 마시는 커피는 아프리카 농부의 아들을 학교에 보냅니다."라는 광고카피를 뽑았다. 틀린 말이 아니다. 어느 헌책방은 "우리는 그동안 헌 책 100만 권을 리사이클하여, 10만 그루의 나무를 살렸습니다."라고 선전하였다. 틀린 말이 아니다. 이들은 모두 자신들의 이익을 위해서 커피와 헌 책을 팔았지만 그들의 이익 추구가 아름다운 결과를 낳았다고 선전하고 있는 것이다.

이런 이야기는 모두 '신비로운 상업'의 결과이다. 상업적 거래의 신비로움을 깨달은 애덤 스미스는 240여 년 전에 “우리가 식사를 할 수 있는 것은 성육점 주인·양조장 주인·빵집 주인의 자비에 의한 것이 아니라, 자기 자신의 이익에 대한 그들의 관심 때문이다. 우리는 그들의 인간성에 호소하지 않고 그들의 이기심에 호소하며, 그들에게 우리 자신의 필요를 이야기하지 않고 그들의 이익을 이야기한다.”라고 하였다.

그러나 드러내 놓고 ‘사익’을 추구하라고 가르치는 사회는 없다. 나이든 사람들은 학교 다닐 때 외운 ‘국민교육헌장’을 생생하게 기억하고 있다. 이 헌장은 “우리는 민족 중흥의 역사적 사명을 띠고 이 땅에 태어났다. 조상의 빛난 얼을 오늘에 되살려, 안으로 자주독립의 자세를 확립하고, 밖으로 인류 공영에 이바지할 때다.”라는 문단으로 시작한다. 왜 아직도 사람들은 자신의 이익 곧 ‘사익’을 추구하는 것이 ‘인류 공영’에 이바지하는 것이라고 말하지 않는가? 그런데 도대체 사익이란 무엇이고, 왜 사익은 우리가 추구해야 할 바람직한 가치로 대접을 받지 못하고 있는가?

왜 사람들은 사익 추구를 드러내 놓고 추구한다고 말하지 못할까? 사익을 추구하는 것이 떳떳하지 못하다고 생각하기 때문일 것이다. 실제로 우리는 ‘사익 추구’가 초래하는 사회적 병폐와 해악을 자주 접한다. 불교에서도 탐욕은 모든 고통의 원인으로 규정한다. 해탈은 곧 탐욕에서 벗어나는 것이다. 현대 우리 사회의 병폐가 ‘탐욕’ 특히 ’자본가의 탐욕’에서 나왔다고 생각하는 사람이 많다. 실제로 그런가? ‘사익 추구가 아름답다.’고 하였지만, 모든 사익 추구가 아름답고, 사회적으로 유익한 결과를 초래하지는 않는다. 이 글은 '사익 추구'가 비로소 시장을 만나 자신의 아름다움을 보여주게 되었다는 관점을 일관되게 유지한다. '사익 추구'는 본질적인 아름다움을 지닌 것은 아니기 때문에 대부분의 경우 추악함을 산출하지만, 그것이 비로소 시장과 만나 아름다움을 드러내게 되었다. 시장은 사익을 아름답게 만들어주고 공익에 기여하게 하는 연금술을 지니고 있기 때문이다. 따라서 시장을 떠난 사익 추구는 대체로 사회에 해악을 끼치게 된다. 특히 공공부분에서의 사익 추구가 그렇다.

사익이란 무엇인가?

'개인의 이익'을 의미하는 사익(私益)은 사(私)와 이익(利益)이라는 말의 합성어이다. 사는 공(公), 공(共)과 반대 개념이다. 사익에 해당하는 영어는 self-interest이다. 영어에서 self는 '자기'를 의미하기 때문에 이 말의 반대말은 '타인'이다. self를 개인으로 해석하면 public, common이 반대말이 된다. public은 公, common은 共으로 해석할 수 있다. '사익'에서 '익'은 이익을 의미하지만, 영어 interest는 '흥미' '관심' '소유권' '권리' 이며, 복수형으로 쓰일 때 '이익 관계' 또는 '이익', 경제학에서는 '이율' '사리(私利)' '사권(私權)' 등의 다양한 의미를 가진 단어이다. 영한 사전은 'self-interest'를 이기주의, 사리(私利)로 옮기고 있다.

그런데 '사익'에서 '이익'에 맞서는 개념은 무엇일까? 이익을 물질적인 것으로 해석하면 이익에 맞서는 말은 선, 정의, 인의와 같은 도덕적 덕목이 된다. 엄밀하게 '이익'의 반대말은 '손해'이지만, 일상적으로 '이익을 추구하지 말라.'에서와 같이 이익은 인의와 같은 도덕적 가치와 반대 개념으로 사용된다. 현실에서 이익은 금전적 이익을 의미하며, 이익을 추구하는 것은 돈을 추구하는 것과 동일시된다. 특히 이런 해석은 철학자들에게서 쉽게 발견할 수 있다. 그러나 엄밀하게 말하면 '이익'과 '인의'는 개념적으로 범주가 다르다. 도량형에서 무게를 측정하는 단위와 길이를 측정하는 단위를 구분하지 못하면 '범주의 오류'를 범한다고 할 수 있다. 그럼에도 불구하고 일상적으로 '이익'은 '옳음'이나 '인의'와 같은 윤리적 개념과 반대말로 사용된다.

근대 자본주의가 발달하면서 사람들이 돈을 벌기 위해 열심히 일하고, 교환하고, 분업에 종사하고, 무역을 하고, 모험을 하고, 효율성을 추구하는 현상을 설명하기 위해 '사익'이라는 개념이 도입되었다. 근대인의 경제적 행위는 사익이라는 말로 잘 설명될 수 있었다. 자본주의의 발전과 더불어 도덕적으로 정당화되기 시작한 '사익 추구 행위'는 거래를 통한 이익 추구, 부의 축적, 금융소득을 취하는 행위와 동일시되었다. '사익'은 여러 가지 의미를 가지고 있지만 이 글에서는 이런 행위에 초점을 맞추어 '사익 추구 행위'를 논의하려고 한다. 따라서 '사익 추구 행위'를 부정적으로 보는 입장은 상거래, 시장, 자본주의 등에 대해서도 당연히 부정적인 입장을 취하게 된다. 이런 맥락에서 본다면 '사익 추구'를 정당하다고 생각하는 관점은 당연히 상거래, 시장, 자본주의에 정당성을 부여하는 것이다.

실제 역사를 보면 사익 추구에 대한 정당화는 드물었다. 자본주의가 활성화되기도 전에 토마스 모어는 "소유가 개인의 것이요, 돈이 만물의 척도인 곳에서는 어떤 국가도 옳은 정부를 갖거나 번영을 누리는 것은 어려울 뿐 아니라, 거의 불가능하다."(『유토피아』, 1516)라고 하였다. 그는 당시 영국 사회의 실상에 절망하고 시민들이 공동으로 생산하고 소유하고 소비하는 '유토피아'를 묘사하고 그곳에서 평화와 안정을 추구하였다. 이런 생각은 서양 근대의 사회주의의 뿌리가 되었다. 그리하여 사익 추구는 사회주의라는 힘센 괴물과 끊임없는 투쟁을 전개해야만 했다.

사익 추구에 대한 부정적 생각들

동서양을 막론하고 '이익'이 오래 전부터 긍정적인 의미와 결합할 수 있었던 것은 아니다. 利는 仁 또는 義와 대립적인 의미로 사용되거나 利를 부정하지는 않더라도 어떤 조건을 달아 불가피하게 利를 받아들였다. 우선 중국 유학이 이를 어떻게 보았는가를 살펴보자. 이익은 문맥에 따라 다양한 의미를 지닐 수 있지만, 이익은 주로 물질적 이익을 의미한다. 물질적 이익 추구는 부의 추구와 동일시된다.

중국에서도 義와 利를 엄격하게 구별했다. 이를 추구하는 자는 의를 추구할 수 없고, 의를 추구하는 자는 이를 멀리 해야 한다고 믿었다. 사농공상이라는 것도 따지고 보면 이런 세계관의 반영이다. 사는 의를 추구하는 자이고 상은 이를 추구하는 자이기 때문에 사는 정의롭지만 상은 천하다고 생각했다. 『맹자』의 '梁惠王章句'에도 그렇게 주장하였다. 맹자는 義와 利는 대립할 수밖에 없다고 본 것이다. 이러한 대립은 국가 차원이나 개인 차원 모두에 동일하게 적용된다. 맹자는 "부자가 되려고 하면 도덕적인 사람이 될 수 없고, 도덕적인 사람이 되려고 하면 부자가 될 수 없다."라고 하였다. 이 말은 "부자가 천국에 들어가기는 낙타가 바늘 구멍에 들어가는 것만큼 어렵다."는 성경에 나오는 말과 일맥상통한다.

『논어』에서 공자는 사익을 어떻게 보았을까. "이익을 좇아 달려가면 이런저런 원망의 소리를 많이 듣게 된다." "군자는 의에 투철하고 소인은 이익에 투철하다."라는 말을 보면 공자는 의와 이를 대립적으로 파악한 것으로 보인다. 공자는 사익 추구를 사회 갈등의 원인으로 보았고 군자가 추구할 바가 못 된다고 생각한 것이다.

그러나 공자가 사익 추구를 항상 인의와 대립적으로 본 것은 아니다. 공자는 이와 의의 관계에 대해 맹자와는 조금 다른 생각을 가지고 있었다. 공자는 양자를 대립적으로 보기도 하였지만 항상 그렇게 한 것은 아니었다. 공자는 이와 의의 관계에서 義가 이를 주도해야 한다는 생각도 하였다. 義의 주도설에 따르면 의와 이가 공존할 수 있다. 그러나 의가 이를 완전히 통제해야 한다. "의는 이익의 받침대이고 탐욕은 원망의 근원이다. 의를 저버리면 이익이 보장되지 못하고 탐욕을 지나치게 부리면 원망이 생겨난다."고 『국어』에서 말한다. 이런 입장은 이의 추구에 조건을 단다. 의를 범하지 않는 한에서 이의 추구가 정당화된다. 의가 없으면 이를 소유할 수도 보장할 수도 없다는 것이다. 그는 "이익을 보면 의를 생각하라."라고 말했다. 이 말은 의와 어긋나지 않는 사익 추구가 가능하고 그것은 허용될 수 있음을 의미한다. 나아가 공자는 자신이 경제적 부를 추구해야 할 상황이라면 채찍까지 잡겠다고 하였다. 오늘날에도 인용되고 있듯이 공자는 좋은 국가의 요소로 많은 인구, 경제적 풍요, 교육을 들었다.

공자의 이런 생각은 "입고 먹는 문제가 해결되어야 비로소 사람들이 예절을 따진다."라고 한 『관자』의 말과도 일치한다. 다른 곳에서 공자는 국가 경영을 위해서는 軍, 식량, 신뢰가 필요하다고 하였다. 이로 미루어 공자가 경제적인 것, 곧 利를 전적으로 부정하지는 않았다고 볼 수 있다. 다만 공자는 사익의 추구가 義·道·命과 같은 공공선과 어긋나지 말아야 하며, 사익 추구는 불가피하게 원망을 살 수밖에 없기 때문에 시혜를 통해 원망을 줄여야 한다고 생각하였다.

오늘날의 개념으로 이해하면 군자는 도덕에 일차적인 관심을 기울이고, 소인은 이익에 일차적인 관심을 기울인다는 것이다. 제임스 리게(James Legge, 1813-1897)는 의를 righteousness로, 이를 gain으로 번역하였다. 군자는 도덕적 자기 완성을 목적으로 삼는다면 소인은 이익을 추구하여 부를 얻으려고 한다는 것이다. 義와 利를 상반되는 가치로 설정한 것이다. 군자와 소인의 구분은 같은 양반 계층 안에서의 구분인가 아니면 신분으로 구별되어 서로 넘을 수 없는 경계선이 있는 것인가? 만일 같은 계층 안에서 군자와 소인이 구분된다면 무엇을 추구하느냐에 따라 군자와 소인으로 나누어진다고 할 수 있다. 그렇지 않고 군자가 양반과 같은 범주이고 소인이 상민과 같은 범주라면, 군자가 이를 추구한다고 소인이 되는 것도 아니고, 소인이 의를 추구한다고 군자가 되는 것도 아닐 것이다.

이의 추구에 대한 부정적인 생각은 동양과 서양 사이에 큰 차이가 나지 않는다. 서양 사상의 원조인 그리스 철학자들은 좋은 삶의 본질에 대한 깊은 철학적 성찰을 하였으나, 어느 철학자도 성공적인 삶의 기준을 돈이나 물질에 두지 않았다. 플라톤의 '이상 국가'에서는 가장 하위 계층인 농부와 장인만이 이익을 위해 일하고 재산을 축적할 수 있었다. 상위 계층인 지배자 계급과 수호자 계급은 가정을 가질 수도 없었다. 따라서 그들은 공동생활을 해야만 한다고 주장했다. 나라를 공정하고 현명하게 통치하려면 금전에 대한 유혹을 받지 말아야 한다고 생각했기 때문이다.

플라톤의 전통을 이어받은 아리스토텔레스는 무역업자를 경멸했다. 아리스토텔레스는 우리의 필요를 충족시키기 위해 물품을 취득하는 것은 자연스러운 일이라고 생각하였다. 따라서 "과일과 가축을 가지고 돈 버는 기술은 자연스러운 것이다." 그러나 돈을 사용하여 돈을 버는 것은 자연스럽지 않으며 잘못된 행위이다. 따라서 그는 매매를 돈벌이 수단으로 이용하는 것은 자연스럽지 못한, 비난받을 일이라고 생각했다. 이것은 "한 사람이 다른 사람을 이용해서" 치부하는 행위이기 때문이다. 농작물을 기르거나 가축을 사육하는 것은 자연으로부터 이익을 취하는 것이다. 이렇게 함으로써 인류에게 보다 많은 물품을 제공할 수 있다.

그러나 아리스토텔레스에 의하면 물건을 구입하여 이익을 더하여 다른 사람에게 파는 행위는 그 물건이 가지고 있는 가치에 아무 것도 더하지 못한다. 물건을 팔아 이익을 남기면 그 물건을 산 사람이 그것을 부담한 것이다. 동식물이 번식하는 것은 자연스럽고, 우리가 그것을 이용하는 것도 자연스럽다. 그러나 돈은 불임이고, 돈을 사용하여 돈을 버는 것은 자연스럽지 못하다.

아리스토텔레스가 행한 미세 질서에 대한 도덕적 체계화의 반향은 13세기에 토마스 아퀴나스가 아리스토텔레스의 가르침을 채택함으로써 확대되었다. 이러한 채택으로 후에 아리스토텔레스의 윤리가 실질적으로 로마 가톨릭 교회의 공식적인 가르침이 되었다. 중세와 근대 초의 반상업적 태도, 고리 대금을 비난하는 것, 정당한 가격이 무엇인가에 대한 규정, 소득을 경멸하는 것은 철두철미하게 아리스토텔레스의 유산이었다.

그러나 사익 추구와 상업에 대한 부정적인 생각은 근대가 도래하면서 점차 변한다. 행복의 추구, 사적 자유의 확대, 법에 의한 통치를 지지함으로써 애덤 스미스의 숭앙을 받았던 볼테르(1694-1778)는 시장을 통한 부의 추구와 획득을 정치적으로 합리화하였고, 부의 소비를 도덕적으로 합리화하였다. 그는 『철학 서간』과 『철학 사전』을 통해 시장을 지지했다. 그의 시장 지지는 애덤 스미스와 구별된다. 볼테르는 시장이 사회를 풍요롭게 한다고 지지한 것이 아니었다. 그는 개인의 이기심에 기초한 이윤 추구 행위가 종교적 열정보다 덜 위험하다고 생각하여 시장을 지지했다. 곧 경제적인 측면이 아니라 정치적인 측면에서 시장을 옹호한 것이다.

볼테르는 시장이 생성됨으로써 달라진 인간의 행동 양식과 종교적 관용 사이에는 밀접한 연관이 있다고 믿었다. 종교적 열정은 인간을 사납고 위험한 존재로 만들지만, 시장은 관용을 창조하고 사회의 평화를 초래한다고 믿었다. 종교적인 구원을 경쟁적으로 추구하는 행위보다 부를 열정적으로 추구하는 행위가 인간을 더 '평화롭고 행복하게' 만든다는 것이다.

사익 추구에 대해 애덤 스미스가 열어 준 새로운 세계

18세기에 이르러 아리스토텔레스의 영향력이 많이 약화되고 유럽 문명은 발전하기 시작하였다. 흄은 시장에 대한 올바른 이해를 가지고 있었다. 그는 시장이 '다른 사람을 알지 못하거나 또는 다른 사람에게 실제적인 친절을 베풀지 않고서도 그에게 봉사하는 것'을 가능하게 하였다고 생각하였다. 시장질서가 개인의 이기적인 동기에서 나온 행동이 공공의 이익에 기여하는 것을 가능하게 하였다는 것이다.

서양에서는 이러한 사고 혁명을 거쳐 돈벌이에 대하여 도덕적 정당성을 부여하고, 부의 축적이 정의에 어긋나지 않는다는 세계관을 가지게 되었다. 부의 축적은 이기심에서 출발하지만 그것은 전체의 이익에 기여한다는 애덤 스미스의 사상도 경제활동에 대한 새로운 세계관을 열어 주었다. 우리는 어디로 가야 하는가? 이 물음에 대해 우리가 갈 길은 시장 경제라고 주장한 대표적인 학자가 애덤 스미스이다. 그는 『국부론』(1776)을 통해 시장 경제의 길을 제시해 주었다. 스미스는 시장 경제에서 우리들 각자가 부유해질 수 있는 유일한 길은 경쟁자보다 더 효율적으로 고객이 원하는 것을 충족시켜 주는 것임을 밝혔다.

우리 자신을 위하는 길은 이미 시장에 나와 있는 것보다 더 값싸고 좋은 물건을 만드는 것이다. 성공한다면, 시장은 우리를 부자로 만들어 줄 것이다. 만일 실패하면 망할 수밖에 없다. 시장에서 모든 사람은 각자 자신의 이익을 추구한다. 그러나 수많은 사람의 자기 이익 추구는 궁극적으로 공공의 이익을 창출하는 결과를 낳는다. 각자의 이익을 추구하는 각 개인의 욕망이 부유한 국가를 낳는다.

시장 경제에 따라 경제가 운용되는 국가에서는 부자들뿐만 아니라 가장 미천한 사람들조차도 혜택을 입는다. 스미스는 아름다운 그림을 그린다.

> 오늘날의 근면하고 절약하는 농부들이 옛날 유럽의 왕족보다 더 많은 편의를 누린다. 농부들이 누리는 편의는 벌거벗은 야만인 수만 명의 목숨과 자유를 좌지우지하는 아프리카의 절대적인 왕보다 낫다.

자유 시장 체제에서 부를 자유롭게 추구할 수 있도록 허용함으로써 발생하는 불평등을 정당화하려는 전형적인 논변이다. 가장 가난한 사람도 불평할 것이 없다고 주장하기 때문이다. 왜냐

하면 현재 사정이 아무리 비참하다고 할지라도 산업화되기 이전의 사회 사정보다는 낫기 때문이다. 스미스의 주장에 의하면, 그들은 사실 아프리카의 왕보다 더 나은 생활을 하고 있다.

그러나 '사익 추구' 자체를 선으로 보는 관점도 있을 수 있다. '사익 추구'의 결과로서의 부의 획득은 그것 자체로서 정당하다는 관점이다. 이런 관점은 물질을 수단으로 파악하지 않고 목적 자체로 파악한다. 부는 그것이 인간 복리나 행복에 적절한 수단을 제공하기 때문에 의미 있는 것이 아니라 그것 자체로서 의미 있다는 것이다. 만약 부를 수단적 개념으로만 파악한다면 무제한 부를 추구하는 사람들의 심리를 설명하기 어렵다. 물론 부의 축적을 위치재로 이해하여, 다른 사람의 존경을 받기 위해 그렇게 한다는 해석도 가능하다. 이런 해석은 애덤 스미스에게서도 찾아볼 수 있다. 애덤 스미스는 경제활동의 주체로서 개인을 설정하였다. 그는 다음과 같이 말한다.

> 각 개인이 자신이 할 수 있는 한 최대한으로 자신의 자본을 국내 산업을 지원하는 데 사용하고, 국내 산업의 생산물이 최대 가치를 갖도록 노력할 때, 각 개인은 필연적으로 그들이 할 수 있는 한, 사회의 연간 수입을 최대한으로 높이는데 노력한 것이다. 일반적으로 그는 공공의 이익(publick interest)을 증진하려는 의도를 가지고 있지 않았으며, 그가 얼마나 공공의 이익을 증진시켰는지를 알지 못한다는 것은 분명하다. 그는 해외 산업이 아니라 국내 산업의 지원을 선호함으로써, 오직 자신

의 안전을 추구한 것이다. 자신의 지원이 최대의 가치로 산출될 수 있는 산업에 투자함으로써 그는 오직 자신의 이익을 추구한 것이다. 그는 이렇게 함으로써, 다른 많은 경우와 같이 보이지 않는 손(an invisible hand)에 이끌려 그가 의도한 것 속에 포함되어 있지 않은 목적을 증진시킨다. 그가 의도하지 않았다고 하여 사회에 나쁜 것은 아니다. 그는 자신의 이익(his own interest)을 추구함으로써 그가 사회의 이익을 증진시키려고 실제로 의도했을 때보다 더 효과적으로 사회의 이익을 빈번하게 증진시킨다. 나는 공공의 선(publick good)을 위해 사업을 한다고 가장하는 사람들에 의해 선한 일(good)이 행해진 경우를 본 적이 없다. 실제로 이러한 가장은 상인들 사이에서 흔한 것이 아니며, 그들이 그런 가장을 하지 않도록 하는데 많은 말이 필요한 것도 아니다.

위에서 인용한 애덤 스미스의 주장을 분석해보자. 애덤 스미스는 사익(자기 자신의 이익)을 표현하는 말로 advantage, interest, good이라는 단어를 혼용하고 있다. 윤리학의 전통에서 볼 때 interest와 good은 개념적으로 구별된다. 이익과 선은 다른 것이다. 애덤 스미스가 사용한 interest는 경제적 개념이고, 전통적으로 good은 윤리적 개념이다. 맹자나 아리스토텔레스의 관점에서 본다면 도덕적인 것과 경제적인 것은 구분된다.

애덤 스미스는 개인이 자신의 이익 또는 선을 추구하면 그것이 공공의 선이 된다는 것이다. 여기에서 우리가 주목해야 할 것은 공공의 선이 개인 행동의 동기나 목적이 아니었다는 것이다. 사회적 이익 곧 공익은 개인이 의도한 결과가 아니라는 것이다. 따라서 개인의 행동의 동기가 사회적 선의 성취와 관계가 없다는 것이다. 개인이 자신의 이익에 충실하기만 하면 그것이 공익을 산출한다는 것이다.

애덤 스미스의 이런 주장은 논리적으로는 맞지 않는다. 어떻게 개인의 이익에서 공공의 이익이 나올 수 있는가. 개인의 이익과 공공의 이익은 그 성격이 다르기 때문에 양자 사이에 특별한 어떤 장치가 개입되지 않으면 개인의 이익의 성격이 변하여 공공의 이익이라는 다른 성질의 결과가 나올 수 없다. 이런 논리적 모순을 설명하는 것이 바로 '보이지 않는 손'이다.

애덤 스미스는 '보이지 않는 손'을 개입시킴으로써 개인의 이익이 공공의 이익을 산출한다고 하였다. 여기에서 우리가 주목해야 할 것은 애덤 스미스가 개인의 이익은 그것 자체로는 정당화될 수 없다는 점을 전제하고 있다는 것이다. 만일 '보이지 않는 손'이 작용하지 않아 개인의 이익이 공공의 이익을 산출하지 않는다면 개인의 이익은 도덕적으로 정당화될 수 없다. 애덤 스미스에 있어서도 여전히 도덕적 정당화는 공공의 이익과 관련을 맺어야 한다.

그런데 공공의 이익은 무엇인가. 이것은 타인의 이익을 의미하는 것인가 아니면 공동의 이익을 의미하는 것인가. 만일 타인의 이익을 의미하는 것이라면 개인의 이익이 또 다른 개인의 이익을 산출하는 것이다. 때문에 "도덕적으로 정당화된다."고 할 때의 도덕이 의미하는 것은 이타적인 것이다. 이타적인 것과 공공적인 것은 구별된다.

> 나는 공공의 선(publick good)을 위해 사업을 한다고 가장하는 사람들에 의해 선한 일(good)이 행해진 경우를 본적이 없다. 실제로 이러한 가장은 상인들 사이에서 흔한 것이 아니며, 그들이 그런 가장을 하지 않도록 하는데 많은 말이 필요한 것도 아니다.

이 구절은 공공연하게 공공의 선을 추구한다고 큰소리치는 사람이 실제로는 그렇지 않다는 사실을 지적한 것이다. '공공의 선'을 도모한다고 해서 그것이 결과로 나오는 것이 아니라는 의미이기도 하고, 실제로는 자신의 이익을 추구하면서 그것을 정당화하기 위해 겉으로 공공의 이익을 들고 나온다고 볼 수도 있다. 그러나 이런 사람은 상인들 가운데에서 흔한 것이 아니라고 말함으로써 암묵적으로 다른 사람이나 집단을 비판의 대상으로 삼고 있다.

애덤 스미스가 비판의 대상으로 삼고 있는 사람은 아마도 중상주의자였을 것이다. 이들은 국익을 위해서 보호무역을 해야 한다고 주장하였지만 실제로는 그것이 국익에는 도움이 되지 않았다. 뿐만 아니라 국익이라는 공공의 이익을 내걸고 행해진 규제들은 모두 특수집단의 이익을 보장한 것이었다.

우리는 부를 이용의 관점, 도구적 관점에서만 이해할 때 무한정 부를 추구하는 사람들, 무덤 속에 부를 가지고 들어갈 기세로 돈을 모으는 사람들, 쓰지는 않고 모으기에만 바쁜 사람들을 탐욕스러운 자들로 경멸하기 쉽다. 그러나 애덤 스미스는 그렇게 생각하지 않았다.

우리는 자연의 속임에 의해서 부와 권세를 아름답고 고귀한 것으로 생각한다고 애덤 스미스는 말한다. 실제로 부와 권세는 우리가 노심초사하여 추구할 만한 가치가 없음에도 불구하고 자연의 의도에 의해 우리는 그렇게 생각한다는 것이다. 이러한 자연의 기만이 없다면 우리는 별로 큰 가치가 없는 부와 권세를 위해 노력하지 않을 것이다.

인간의 이기심 특히 지주의 사치와 일시적인 충동은 그것 자체로는 의미 있는 것이 아니지만 그것으로 말미암아 어려운 사람들이 혜택을 보기 때문에 가치 있는 것이 된다. 부자들은 이기심으로 자신의 욕망을 충족시키지만 그 결과 가난한 사람들도 복지를 누리게 된다는 것이다. 이렇게 본다면 인간의 사익 추구는 '시장의 연금술'을 통해 모든 사람의 이익을 초래한다는 것이다. 곧 부자들의 이기심에서 출발한 사익 추구가 가난한 사람들의 복지를 향상시킨다.

이타적인 것과 공공적인 것

이타적인 것은 타인을 이롭게 하는 것을 의미한다. 이타적 행위는 이기적 행위와 달리 도덕성을 부여받는다. 타인을 이롭게 하는 것을 도덕의 본질적인 속성 가운데 하나로 파악하는 것이 철학의 전통이다. 애덤 스미스는 교환은 쌍방 모두에게 혜택을 준다고 믿었다. 그렇게 때문에 교환은 도덕적 행위이다. 상거래를 통해 우리는 서로 자신의 이익을 취하면서 타인의 이익에 봉사한다. 타인을 이롭게 하는 행위가 도덕적 행위라고 했을 때 상거래는 완벽한 도덕적 행위가 된다.

자본주의를 비판하는 사람들은 자본주의가 이기주의에 기초하고 있다고 말하는데 이것은 잘못된 주장이다. 자본주의 또는 시장경제에서 나에게 이로운 것은 타인에게도 이로운 것이다. 시장에서 상거래는 자발적으로 일어나며, 상거래를 하는 쌍방이 자신에게 이익이 되지 않으면 교환이 발생하지 않기 때문에 모든 자발적 거래는 서로를 이롭게 한다. 상거래의 교환은 도덕적 성격을 갖는다.

자본주의를 비판하는 사람들은 '자신이 원하는 것을 하면' 자유이고, '타인이 원하는 것을 하면' 노예라고 말하면서, 자본주의는 자본이 원하는 것을 하기 때문에 노예제도와 다름이 없다고 말한다. 그러나 이것은 잘못된 판단이다. 노예는 신분으로 묶여 있기 때문에 자신의 의지와 관계없이 노예일 수밖에 없다. 그는 자신이 원해서 노예가 된 것은 아니다. 노예에게는 자유의지가 없다. 그는 자신의 주인이 아니라 주인의 노예이기 때문이다.

그러나 자본주의 사회에서 발생하는 자본과 노동 사이의 계약은 자유의지에 의한 것이다. 자유인만이 계약을 하고 그 계약을 수행한다. 그 계약은 자본가와 노동자 모두에게 이익이 된다. 따라서 자본가와 노동자는 동시에 타인을 이롭게 하는 것이다. 계약은 도덕적 차원으로 승화된다.

그럼에도 불구하고 '자신이 원하는 삶'만을 사는 것이 좋은 삶이라고 주장하는 것은 따지고 보면 이기주의를 격려하는 것이다. '자기 자신만을 위한 삶'에서는 타인에 대한 고려가 없다. 시장경제에 참여한다는 것은 자기 자신이 원하는 것을 얻기 위해서 타인이 원하는 것을 제공해야 하기 때문에 시장 참여자는 모두 이기주의자인 동시에 이타주의자가 된다. 시장에서는 상인만 사익을 추구하는 것이 아니라 소비자도 사익을 추구한다. 그럼에도 불구하고 전통적으로 義나 仁義를 앞세우는 사람들은 상인은 비난하였지만, 상인의 물건을 삼으로써 '사익'을 추구하는 소비자는 비난하지 않았다. 돈을 빌려주는 사람만 비난하였지 돈을 빌리는 사람은 비난하지 않았다.

이 점에서 利에 대한 동양적인 관점은 애덤 스미스와 구분된다. 애덤 스미스는 사익 추구가 공공선을 도출한다고 봄으로써 그것을 정당화하였다. 그는 국부에 기여하는 상거래가 어떻게 발생하고 계속 유지되는가를 설명하기 위해 '사익'이라는 개념을 도입하였다. 애덤 스미스는 상업이 국부의 증가에 기여한다고 믿었다. 애덤 스미스가 말하는 공공선은 '국부의 증가'이다. 그는 '사익 추구'가 국부 곧 공공선을 증대시키기 때문에 도덕적으로 정당하다고 보았다. 그의 논리에 따른다면 공직자들의 공공 부분에서의 '사익 추구'는 도덕적으로 정당화될 수 없다.

애덤 스미스는 상업 세계에서의 사익 추구에도 일정한 제약조건을 두었다. 상업 세계에서마저 모든 형태의 '사익' 추구가 정당하지는 않다는 것이다. 사업에 종사하는 사람들은 공공선이 아니라 자신의 이익을 위해 그렇게 한다. 따라서 그들은 자신의 이익에 도움이 되면 그것이 사회적으로 바람직하지 않다고 할지라도, 그렇게 한다. 애덤 스미스는 이런 상인들은 경계 대상으로 주목하였다. 이런 맥락에서 본다면 상업이라는 구체적인 현상을 떠나 모든 '사익'이 '공공선'에 기여한다고 주장할 수는 없다.

사익의 역할과 전제 조건

근대 자본주의 사회에서 사람들이 돈을 벌기 위해 열심히 일하고, 교환하고, 분업에 종사하고, 무역을 하고, 모험을 하고, 효율성을 추구하는 행위들을 설명하는 효과적인 개념으로 고안된 것이 바로 '사익'이라는 개념이다. 근대 시장 경제 현상인 개인들의

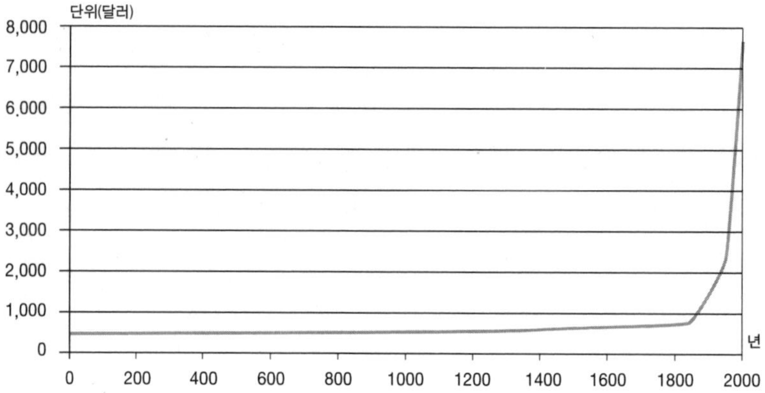

세계 일인당 소득의 변동

경제 행위는 '사익'이라는 말로 잘 설명될 수 있었다. 우리는 사익이라는 개념을 도입함으로써 다음과 같이 부가 증가하는 현상을 잘 설명할 수 있게 되었다.

개인들이 '사익을 추구함'으로써 과학과 과학기술이 발전하고 그 결과 경제가 발전하였다는 설명을 할 수 있다. 그러나 개인들이 이러한 사익 추구를 마음껏 할 수 있도록 하기 위해서는 다음과 같은 선행 조건이 충족되어야 한다. 첫째로 남에게 피해를 주지 말아야 한다. '위해의 원칙'을 준수해야 한다. 둘째 경쟁적인 시장이 확보되어야 한다. 셋째로 열심히 일한 결과가 본인에게 귀속되어야 한다. 농업이 성립하기 위해서는 적어도 밭을 일구고 씨를 뿌리고 가꾼 자가 그것의 결과물을 추수하고 자기 것으로 소유할 수 있다는 확신이 있어야 한다. 넷째로 이를 위해서는 사유재산 제도가 보장되어야 한다. 아무리 열심히 일해도 일한 결과가 자신의 재산에 귀속되지 않는다면 사람들은 노력하지 않을 것이다. 근대 자본주의의 철학적 기초 가운데 하나로 '자기 소유권'을 중요하게 생각하는 이유도 바로 여기에 있다. 다섯째로 사익을 보장하기 위해서는 계약의 자유와 계약의 이행을 보장하는 법이 필요하다. 그리고 법은 모든 사람에게 동일하게 적용되어야 하며, '법의 지배'가 정착되어야 한다. 여섯째로 국가는 경제 활동에 개입하지 말아야 한다. 국가의 경제 활동 개입은 개인의 자유로운 경제 활동을 방해하여 국가 전체의 복지를 줄일 뿐만 아니라 소비자의 이익도 침해한다. 자유 경제와 자유 무역을 주창하였던 애덤 스미스는 국가 권력과 사업가의 유착을 우려하였다.

애덤 스미스는 공익을 위한다는 명분으로 보호무역을 지지하는 중상주의자들을 비판하였을 뿐만 아니라, 상인들이 모이면 자신들의 이익에 도움이 될 규제를 고안하고 그것을 입법화하려고 하기 때문에 그들을 경계해야 한다고 경고하였다. 단순히 사익 추구를 허용하는 것만으로는 건강하고 풍요로운 세상이 보장되지 않는다. 애덤 스미스가 우려하였듯이 모든 사익 추구가 정당한 것은 아니다. 그는 자유 시장에서의 사익 추구만을 제한적으로 정당화화였다.

국가의 역할

이제 우리는 애덤 스미스의 전통을 이어받아 사익 추구가 만들어낸 아름다운 세상을 볼 수 있는 세계관을 키워야 한다. 복거일의 "물욕의 자연스러움"이라는 글은 사익 추구가 만든 세상의 아름다움을 잘 묘사하고 있다.

> 재산은 삶에 필수적이다. 그것은 우리를 잘 살게 만들고 자식들을 제대로 가르칠 수 있게 한다. 물고기나 새들의 수컷이 구애를 할 때 먹이나 둥지를 만드는 데 필요한 물건들을 들고 암컷에게 다가간다는 사실은 음미할 만하다. 우리에게 물욕이 그렇게 강한 것은 그것이 우리의 생존과 번식에 도움이 되기 때문이다. …
>
> 모든 욕망들은 진화의 손길로 다듬어졌다. 개체들의 생존과 종족의 유지에 도움이 되기 때문에, 그것들이 살아남은 것이다.

따라서 물욕을 억누르는 일은 힘만 들고 효과가 없다. 물욕의 본질을 바로 보고 그것과 타협하는 것이 순리다.

그리고 물욕이 크게 해로운 경우는 언뜻 생각하기보다는 훨씬 드물다. 돈은 대체로 사회에 필요한 일을 해야 벌 수 있다. 비록 어느 사회에서나 나쁜 짓으로 돈을 버는 사람들이 많기는 하지만, 일찍이 새뮤얼 존슨이 말한 것처럼, 뭐니 뭐니 해도, 돈을 버는 일에 매달릴 때, 사람은 죄를 가장 적게 짓는다. 그리고 하이에크가 지적한 것처럼, 사치는 물질적 풍요에 선행하는 현상이다.

사회와 문명은 욕망을, 그것이 성욕이든 물욕이든 공명심이든, 버리라는 얘기를 하거나 따른 사람들에 의해 유지되고 발전해 온 것이 아니다. 자식들은 자신보다 좀 낫게 살기를 바라면서 땀 흘려 돈을 번 사람들에 의해 유지되고 발전해 온 것이다. 이제는 그런 선남선녀들이 편안한 마음으로 돈을 벌게 하라.

국가의 목적은 '선남선녀들이 편안한 마음으로 돈을 벌고' 행복한 삶을 살 수 있도록 해주는 것이다. 국가는 개인이 그렇게 할 수 있도록 개인의 경제 활동에 대한 간섭을 줄여야 한다. 사익 추구에 대한 부정적인 해석은 생산에 전혀 관여하지 않는 사람들이 만들어낸 하나의 신화이다. 이런 신화를 생산한 사람들은 권력을 가졌기 때문에 생산에 종사하지 않고서도 경제적으로 풍요롭게 살 수 있었다.

우리가 의식주를 해결하고, 자식에게 자신보다 나은 환경을 제공하기 위해 노력하는 일상사가 바로 성직이다. 아니 성과 속의 구별이 없는 상황에서 '그냥 일'이다. 이런 일상에 충실한 것이 의미 있고 보람된 삶을 사는 길이다. 아무리 하찮은 일이라도 모두 의미 있는 일이고, 사회적 선으로 통한다. 그리고 인간은 모두 신에게 직접 연결되어 있어 다른 무엇과 비교하여 의미나 값이 정해지지 않는다.

뿐만 아니라 우리는 국가에 대한 개념 자체를 바꾸어야 한다. 우리는 오랫동안 도덕주의적 국가관을 믿어 왔다. 도덕주의적 국가관에 따르면 국가의 1차적인 목적은 정치를 통해 시민들이 좋은 삶을 사는 방법을 습득할 수 있도록 격려하는 것이다. 정치의 목적은 사람들이 자신에게 주어진 능력과 덕을 계발하도록 하는 것 곧 공동선을 성찰하고, 판단력을 키우고, 시민 자치에 참여하고, 공동체 전체의 운명을 걱정하게 하는 것이다. 이런 도덕주의적 국가관에서 국가는 개인의 필요를 충족시켜주기 위해 존재하는 것이 아니라 개인을 초월해서 존재하는 거룩한 존재다.

그러나 국가는 시민들에게 좋은 삶이 무엇인가를 규정해 주어서는 안 된다. 좋은 삶이 무엇인가는 국가가 아니라 개인의 선택으로 남겨져야 한다. 좋은 삶에 대해 국가가 개입하면 시민들은 자율성을 상실하고 스스로 자신의 삶을 결정할 수 없다. 정치와 도덕은 정치와 종교가 분리되었듯이 분리되어야 한다. 나아가 정치와 경제도 정치와 종교가 분리되었듯이 분리되어야 한다.

이제 국가는 개인의 사익 추구의 감시자나 감독자의 역할을 그만 두어야 한다.

사익 추구의 경제적 의미

권혁철
자유경제원 자유기업센터 소장

집중포화를 맞는 사익(私益)

2004년 여름, 허리케인 찰리가 플로리다를 덮치자 올랜도에 있는 어느 주유소는 평소 2달러에 팔던 얼음주머니를 10달러에 팔았다. 나무가 쓰러져 지붕을 덮치자 두 그루의 나무를 치우고 지붕을 수리하는 데 2만 3,000달러가 들었다. 평소 250달러 하던 가정용 소형발전기는 2,000달러로 가격이 치솟았다. 평소 40달러하던 호텔의 하루 방값은 160달러로 뛰었다. 「USA 투데이」는 머리기사 제목을 '폭풍 뒤에 찾아온 약탈자'로 달았다. 플로리다 주 법무장관은 이렇게 말했다. "기가 막힌 일이다. 허리케인이 지나간 뒤에 남의 고통을 이용해먹으려는 사람들의 탐욕이 도를 넘었다." 플로리다에는 가격폭리처벌법이 있으며, 당시 2,000건이 넘는 피해 사례가 접수되었다고 한다.[1]

위의 사례는 자본주의 시장경제에 대한 비판의 하나이지만,

사실 자본주의 시장경제는 항상 위협과 비난에 시달려 왔고 지금도 시달리고 있다. 일찍이 칼 마르크스(Karl Marx)는 자본주의 시장경제는 가진 자(부르주아)와 가지지 못한 자(프롤레타리아) 간의 계급투쟁을 통해 전자가 후자를 착취하는 모순된 사회라고 하였다. 이때 자본주의 사회 모순의 첫 번째 원인은 사익 추구의 원인을 형성하는 사적 소유권 제도다. 그래서 사적 소유권을 폐지하고 국유(國有)와 공유(共有)로 함으로서 착취가 없는 사회를 이룩해야 한다고 주장했다. 그의 이상적인 사회건설 예언과는 정반대로, 사회주의는 인간으로부터 사적 소유권뿐만 아니라 자유의 권리까지도 박탈하며, 필경에는 사회 전체를 붕괴시킨다는 것은 사회주의 실험을 통해 분명하게 밝혀졌다.

반면에 그 동안의 역사는 자본주의 시장경제 하에서 경제적 번영을 이룬다는 사실을 가감 없이 보여주고 있다. 하지만, 그에 대한 반감은 줄어들지 않고 여전히 남아 있다. 1980년대 말부터 시작된 사회주의 국가들의 붕괴와 자본주의 시장경제로의 전환으로 '역사의 종언'이라는 말까지도 나왔지만, 세계 각국은 자본주의 시장경제가 아닌 '제3의 길'을 열심히 찾고 있다. 2008년 세계금융위기가 발생하자 인간의 탐욕이 그 원인이며, 인간의 탐욕에 기반하고 있는 자본주의 시장경제를 대대적으로 뜯어 고쳐야 한다는 말들이 나왔다. '모든 길은 로마로' 통하듯이 자본주의 시장경제에 대한 모든 비판과 비난의 화살은 궁극적으로 사익과 사유재산을 향하고 있다.

사익 혹은 자기 이익 추구에 대한 인간의 혐오와 분노는 어제 오늘의 일이 아니다. 그것은 무척이나 깊은 뿌리를 갖고 있다. 질병과 굶주림 등 혹독한 환경에서 살아남기 위해 치열하게 싸워야 했던 고대인들은 환전상들의 상대적 부유함에 분노했고, 중세 일본에서는 상인들을 기생충처럼 여겼다고 한다. 또한 중세 유럽과 이슬람 국가들에서는 이익을 챙기는 것을 죄악으로 여겼고, 대부분의 아시아와 아프리카 국가들 역시 이익을 추구하는 것을 도덕적으로 문제가 많다고 보았다.[2] 우리를 포함한 동양의 경우에도 예외가 아니었으니, 사서오경을 배울 때 대체로 가장 먼저 배웠다는 책인 『맹자』의 첫 머리에 이런 글이 나온다(『맹자』 梁惠王章句). 맹자가 양혜왕을 만났을 때 왕이 이렇게 물었다. "선생이 천리 길을 멀다 않고 왔으니 이(利)될 방책도 갖고 왔겠군요." 맹자가 답하기를 "왜 왕은 하필 이(利)를 말하십니까? 내가 말씀드릴 것은 오직 인의(仁義)뿐입니다."

사정이 이러했기 때문에 강위석은 "『맹자』는 『멸만경(滅蠻經)』의 본보기"라고 했다. 여기서 『멸만경』이란 중국이 주변 민족에서 훌륭한 인물이 나오지 못하도록 하기 위해 명당자리는 안 좋은 자리로, 그리고 나쁜 자리는 명당자리로 살짝 고쳐서 흘려주었다는 풍수지리 서적을 말한다.[3]

자본주의 시장경제에 대한 비난은 대부분이 자본주의 시장경제에 대한 오해에서 비롯되고 있다. 그 오해의 근본적인 배경을 이루는 것은 자유 시장에서 이루어지는 거래가 '탐욕'에서 시작되며 한쪽이 다른 한쪽을 '착취'한다는 생각이다. 이런 오해는 사익 추구를 탐욕으로, 시장의 호혜적 거래를 착취로 잘못 인식하고 있는 데에서 시작된다. 시장경제를 비난하는 자들의 말처럼 만약 자본주의 시장경제가 탐욕과 착취의 기반 위에 세워진 것이라면, 지난 수천 년 간 결코 이루지 못했다가 최근 200년 사이에 이룩된 인류의 번영과 생활수준의 전반적이고 비약적 발전이 탐욕과 착취에 의해 이루어졌다는 말이 된다. 이게 가능한 일인가?

자본주의 시장경제가 인류에게 번영을 가져온 한 가지 이유는 분명하다. 자본주의 시장경제는 자기 이익 추구에 바탕을 두고 있다는 사실이 그것이다. 사람들이 경제적 인센티브에 따라 행동한다는 것, 그리고 그들에게 자신의 경제적 여건을 개선하는 것이 허용될 경우 사회가 전반적으로 더 부유해진다는 것에 기반하고 있다는 점이다.

이 글에서는 자본주의 시장경제의 바탕을 이루는 자기 이익 추구가 어떤 경제적 역할을 하는지에 대해 살펴보고자 한다.

사익 추구, 그리고 탐욕

많은 사람들은 자본주의 시장경제를 도덕적이지 않은 것으로 생각하고 있다. 시장경제가 인간의 자기 이익 추구를 바탕으로 하고 있는데, 이 자기 이익 추구를 부도덕한 것으로 여기기 때문이다. 사익 추구는 나쁜 것, 비도덕적인 것인가?

애덤 스미스는 『도덕감정론』에서 이렇게 말했다. "스토아 철학자가 늘 말하듯이 모든 사람들은 확실히 모든 측면에서 다른 누구보다도 자신을 돌보는 데 좀 더 적합하며, 좀 더 잘 돌볼 수 있다. 모든 사람은 자신의 쾌락과 고통을 타인의 그것보다 훨씬 민감하게 느낀다. 전자는 원천적인 감각이고, 후자는 그 감각이 반사된 심성이거나 그 감각에 대한 동감(同感)적 심성이다. 전자는 실체라고 할 수 있고 후자는 음영이라 할 수 있다."[4] 자신의 쾌락과 행복을 우선적으로 추구하는 것이 원천적이고 실체이며, 타인의 쾌락이나 행복을 고려하는 것은 부차적이고 그림자에 불과하다는 뜻이다.

왜 인간이 자기 위주로 생각하고 자기의 이익을 우선적으로 추구하는가 하는 물음에 대한 답은 '인간이란 무엇인가?'라는 물음과 관련이 있다. 『이기적 유전자』를 쓴 리처드 도킨스는 외계의 지적 생명체가 지구를 방문했을 때 우리의 문명수준을 파악하기 위해 제일 먼저 묻는 것은 우리가 "이미 진화를 발견했는가?"라는 물음일 것이라고 하면서 다윈 혁명으로 비로소 우리는 '인간이란 무엇인가?'에 대해 답을 할 수 있게 되었다고 한다. 그러면서 그는 이렇게 말한다. "우리의 몸과 마음을 창조한 것은 유전자라는 이름을 갖고 있는 것들인데, 그것들을 보존하는 것이 우리의 존재를 알게 해주는 유일한 이유이다.…우리는 그것들의 생존기계이다. 인간은 이기적 유전자를 보존하기 위해 맹목적으로 프로그램을 짜 넣은 로봇 기계인 것이다. 이 유전자의 세계는 비정한 경쟁, 끊임없는 이기적 이용, 그리고 속임수로 가득 차 있다. 이것은 경쟁자 사이의 공격에서뿐만 아니라 세대간, 그리고 암수간의 미묘한 싸움에서도 볼 수 있다. 유전자는 유전자 자체를 유지하려는 목적 때문에 원래 이기적이며, 생물의 몸을 빌려 현재에 이르고 있다. 동물의 이기적 행동은 이와 같은 이유에서 비롯된 것이며 이타적 행동을 보이는 것도 자신과 공통된 유전자를 남기기 위한 행동일 뿐이다."[5] 이기적이며 자기 이익을 추구하는 것이 인간의 존재이유이며 인간의 본성이라는 설명이다.

애덤 스미스 역시 자기 이익 추구를 인간의 본성으로 보았다. 인간이 경제활동을 할 때 인간의 본성인 자기 이익 추구에 따라 행동한다고 본 것이다. 그는 "우리가 저녁을 기대할 수 있는 것은 정육점 주인, 양조업자, 제빵업자의 자비심 덕분이 아니라 자신의 이익에 대한 그들의 고려 때문이다. 우리는 그들의 박애심이 아니라 자기애(自己愛)에 호소하며, 우리의 필요가 아니라 그들의 이득만을 이야기할 뿐이다."고 하였다.[6] 애덤 스미스보다 앞서 인간행동을 추동하는 것이 인간의 이기심이라고 보았던 사람이 버나드 맨더빌이다. 그는 '개인의 악덕, 사회의 이익'이라는 부제를 단 『꿀벌의 우화』에서 경제와 사회를 움직이는 것은 인간의 자비나 도덕심이 아니라 인간의 이기심이라고 하였다.[7]

여기서 자기 이익의 추구는 탐욕과는 다르다. 탐욕은 정당하게는 가지기 어려운 무언가를 너무 많이 가지려는 것을 의미한다. 또한 탐욕은 가질 자격도 없는 자가 무언가를 탐하는 것을 말하기도 한다. 다시 말하면 탐욕은 도둑질이나 강도, 사기, 협박 등을 통해 자신이 당초 얻을 수도 없는 것을 얻고자 하거나 자신이 얻을 수 있는 것보다 훨씬 더 많은 것을 얻고자 하는 것이다.[8] 반면 애덤 스미스가 예로 드는 빵집과 정육점 주인은 사기나 강박, 도둑질이나 강도짓을 하지 않고 손님들에게 저녁거리를 마련해 주고 그에 합당한, 즉 손님들이 그의 행동에 대한 반대급부로 자발적으로 건네주는 돈을 원하는 것이다. 이것이 자기 이익 추구다.

자기 이익 추구의 경제적 역할

자기 이익 추구는 사람으로 하여금 행동하게 만드는 힘을 갖는다. 또 그냥 행동하게 하는 것이 아니라 보다 적극적이고 능동적으로 행동하게 만든다. 버나드 맨더빌은 "사람은 욕망에 사로잡히지 않고서는 힘을 다하지 않는다. 잠자는 욕망을 깨워주는 것이 없다면 사람이 지닌 탁월함과 능력은 언제까지나 드러나지 않을 것이고, 열정이 빠진 몸뚱이는 바람 한 줄기 없는 가운데 육중하게 서 있는 풍차나 매한가지다"고 하였다. 교황인 레오 13세도 "일한 결과를 자신이 가져갈 수 있을 때 사람들은 더 열심히, 그리고 더 자발적으로 일한다.…사람들이 일을 하는 이유가 재산을 모으고 그것을 자신의 것으로 삼고자 하는 데에 있다는 사실을 부인할 수는 없다."고 하였다.[9] 자신의 이익이 아닌 타인의 이익, 혹은 공동의 이익을 추구하도록 할 경우 사람들로 하여금 적극적이고 능동적이며 창의적으로 행동하도록 하는 유인이 되지 못한다.

인간은 인센티브에 반응한다고 한다. 그리고 이기심과 자기 이익 추구는 보다 강한 동기를 부여한다. 경제학에서는 이 인센티브가 매우 중요하다. "모든 경제이론은 인센티브의 변화가 인간의 행동에 예측 가능한 영향을 미친다는 전제 위에 서 있다. 다시 말해서 우리 각자에게 돌아오는 이익과 비용이 우리의 선택에 영향을 미친다는 것이다."[10]

자기 이익 추구는 경제성장에도 필수적이다. 밀턴 프리드먼은 바로 자기 이익 추구, 즉 자기 자신에게 돌아오는 이익과 비용 때문에 경제성장이 가능하다고 보았다. 그는 이렇게 말한다. "이익이라는 당근과 손실이라는 채찍은 일반적으로 사람들이 변화를 수용하거나 추진하도록 설득하는 역할을 한다. 경제성장은 본질적으로 변화를 수반한다. 과거의 끝없는 변화가 없었다면 우리 모두는 여전히 사냥을 하거나 수렵생활을 하고 있을 것이다.… 그러나 대다수의 사람들은 변화를 거북하게 느끼고, 변화에 게으르게 대처한다. 특히 기득권자들은 가능한 한 변화에 격렬하게 저항하려 한다."[11] 이런 관점에서 본다면, 농산물, 특히 쌀 시장 개방에 있어 쌀 시장의 관세화 등 그 어떤 타협도 거부하면서 격렬하게 반대투쟁을 벌이는 농민단체들과 그들의 주장을 추종하는 세력은 변화를 거부하고 변화를 막아보려는 기득권자들이다. '식량 주권'이니 '식량의 무기화 우려' 등 미사여구를 동원하여 자신들의 활동을 정당화시키려 하지만, 이들의 활동과 투쟁은 근본적으로 자신들의 기득권 보호 투쟁이다. 이러한 점은 투쟁을 하는 당사자들도 잘 알고 있을 것이다.

나아가 밀턴 프리드먼은 사적 이익과 시장경제에 기반한 자율적인 방식의 변화와 그렇지 않은 타율적인 방식의 변화를 비교하면서 타율적인 변화의 비효율과 폭압에 대해서도 이야기하고 있다. 즉 그는 변화에는 사적 이익과 시장경제에 기반한 자율적인 방식의 변화가 아닌, 직접적이고 강압적인 방식이 동원된 타의에 의한 강요된 변화도 있을 수 있다고 하면서, "스탈린은 무시무시한 폭력을 통해 무수한 사람들이 자신의 의지에 따르도록 했다. 그렇지만 대개의 경우 강압은 극도로 비효율적이다. 강압에 눌린 사람들은 다양한 방법을 동원해서 능동적으로나 수동적으로 저항하기 때문이다."[12] 시장과 사적 이익 추구에 기반하고 있는 자율적인 변화가 아니면 직접적이고 강압적인 방식이 동원된 타의에 의한 변화를 강요당할 가능성이 커진다. 이런 의미에서 볼 때 사적 이익에 기반한 시장경제는 타인에 의한 강요를 배제하고 개인의 자유를 지키고 유지하는 데에도 필수적이라 할 수 있다.

자기 이익 추구는 또 다른 긍정적인 결과를 가져 온다. 자기 이익 추구는 필연적으로 경제주체들 간의 경쟁을 유발한다. 그리고 이 경쟁은 또한 경쟁을 통하지 않고는 결코 알 수 없을 것들을 발견하도록 해 준다는 매우 중요한 의미를 갖는다. 하이에크는 인간이 이기적인지 아니면 이타적인지는 중요한 것이 아니라고 보았다. 그에게 있어 보다 중요한 것은 지식의 문제였다. 인간은 구조적으로 무지하다는 것이 그의 출발점이라고도 할 수 있다. 인간이 자신이 갖고 있는 구조적인 무지함을 극복하는 길 중의 하나가 경쟁이다. 미래는 불확실하며 그것을 미리 알 수 있는 사람은 없다. 시장에서 어떤 재화와 어떤 서비스가 소비자들의 욕구를 충족시키고 사회에서 필요로 하는 것들인지 미리 알 수 있는 방법은 없다. 어떤 재화나 서비스를 사회가 필요로 하고 또 어떤 것들이 소비자들의 욕구를 잘 충족시키고 있는가는 사전에 미리 알 수 없고, 오로지 경쟁과정을 통해서만 사후적으로 파악할 수 있을 뿐이다. 이런 의미에서 하이에크는 경쟁을 '발견적 절차, 발견과정'이라고 불렀다. 경쟁이 하는 이런 역할을 무시하면 사회주의 계획경제의 충격적인 몰락을 경험할 수밖에 없다.

사익 추구와 사회적 협력과 조화

자본주의 시장경제에 대한 비판 중 하나는 자기 이익을 추구하는 경제주체들이 서로 경쟁을 하다보면 사회적 협력과 조화를 이룰 수 없다는 것이다. "서로 대립하게 만드는 환경이 협력을 조성할 것이라고 어느 누가 상상할 수 있겠는가? 이것은 어불성설이다. 더 많은 협력을 원한다면 우리는 협력하는 윤리를 가르쳐야 하고, 이러한 윤리를 뒷받침하는 경제제도를 만들어내야 한다."는 주장도 바로 자본주의에 대한 비판 중 하나로서 자본주의 시장경제의 '협력부재'를 비판하는 주장이다.[13]

하지만 시장경제에서는 어떤 지시나 명령이 없어도 사회적 협력과 조화가 이루어진다. 자신의 사익을 추구하는 과정에서 이루어지는 자발적인 사회적 협력을 잘 보여주는 고전적인 사례가 레오나드 리드(Leonard Read)의 '나는 연필입니다' 이야기이다.[14] 나무, 아연, 구리, 흑연의 복합체로 만들어진 간단한 제품인 한 자루의 연필이 탄생되는 과정을 이야기식으로 묘사한 글이다. 예를 들어 나무의 경우 그것을 심고 가꾸는 과정, 잘 자란 나무를 베어 통나무 상태로 철로를 통해 제재소로 운반되는 과정, 제재소에서 연필 두께의 판자로 만들어지는 과정이 포함된다. 그리고 각 과정에는 또 그 사람들이 일을 할 수 있도록 도끼와 톱 등의 도구를 만든 사람, 또 그들이 작업할 때 식사를 준비해 주는 사람, 그 식량을 생산한 사람 등등이 포함된다. 그리고 재료 중 국내에서 생산되지 않는 것은 수입도 해야 한다. 외국인의 노동과도 협력하지 않으면 한 자루의 연필조차 만들어지기가 쉽지 않다. 이렇듯 얼핏 간단해 보이는 한 자루의 연필을 만드는 일에도 수백 명 혹은 수천 명 혹은 수만 명의 협동, 수 개 국의 협동이 있어야 가능하다. 흥미로운 것은 여기서 지시하고 명령하는 사람을 발견할 수 없다는 점이다. 오직 보이지 않는 손이 움직여서 연필 한 자루가 생산되고, 그것이 어린 아이의 손에까지 들어가게 된다. 그리고 그 이면에서 사적 이익 추구가 이 모든 것을 움직이고 있다는 것도 알게 된다.

또 다른 사익 추구에 대한 비판은 사익 추구로 인해 사회와 공동체의 이익이 훼손된다는 점을 강조하고 있다. 하지만, 이런 주장은 사람들의 자기 이익 추구와 그에 따르는 경쟁의 1차적인 현상만을 바라볼 뿐, 그 이면에서 의도하지 않게 발생하는 공공의 이익 증진을 파악하지 못하는 '외눈박이 주장'일 뿐이다. 이런 주장을 하는 사람들은, 아래에 소개하듯이, 200년도 더 지난 옛날 '사농공상'의 꽉 막힌 세상에 살면서도 시장의 기능을 명확하게 인식했던 조선시대 사람 박지원보다도 인지능력이 뒤떨어지는 '구시대적 발상'인 셈이다.

북학파의 거두 연암 박지원의 아들이 쓴 『나의 아버지 박지원』을 보면 이런 내용이 나온다. 정조 시절인 1791년 흉년이 들자 서울에 쌀이 모자라게 되었다. 도성 한양(서울)의 곡물값이 치솟자 이 기회에 큰 돈을 벌어보고자 전국의 곡물상들이 서울로 몰려들었다. 매점매석도 황행하여 값은 점점 더 폭등했다. 당시 재상은 시중의 곡물가격을 통제하고 매점매석을 하는 장사치들을 처형해야 한다는 의견을 정조에게 건의하고자 하였다. 이때 박지원은 다음과 같은 의견을 올린다.

> "옛사람이 시장에 인위적으로 개입하여 그 흐름을 교란하지 말라고 경계한 까닭은 무엇 때문이겠습니까? 상인이란 싼 곳의 물건을 가져와 비싼 곳에다 파는 존재이며, 백성과 나라는 그 도움을 받고 있습니다. 진실로 장사하는 데 이익이 없다면 뒤도 돌아보지 않고 가버릴 게 뻔합니다. 무엇 때문에 값을 내려서 팔려고 하겠습니까? 지금 이 명령을 시행한다면 서울의 상인들은 장차 곡물을 다른 데로 옮겨가 버릴 것입니다. 또한 매점매석을 막는다면 서울로 오던 사방의 곡물상들이 그 사실을 전해 듣고는 필시 다시는 경강(한강 일대)으로 들어오지 않을 것입니다. 이렇게 되면 서울의 식량 사정은 더욱더 어려워질 것입니다."[15]

박지원의 이런 주장은 경제학의 아버지로 불리는 애덤 스미스가 비슷한 시기인 1776년 저술한 『국부론』에서 했던 말과 일맥상통한다. "모든 개인은 자신이 자유롭게 처분할 수 있는 모든 자본을 가장 이득이 되도록 이용할 수 있는 방안을 찾아내려고 끊임없이 노력한다. 그가 목표로 하는 것은 사실상 자신의 이득이지 사회의 이득이 아니다. 그러나 자신의 이득에 관한 연구를 통해 그는 자연스럽게, 오히려 필연적으로, 사회에 가장 이득이 되는 이용방안을 선호하게 된다."[16]

사람들이 자신의 이익을 추구하는 가운데 의도하지 않았던 목표, 즉 사회나 국가 전체의 이익을 증대시키는 과정을 애덤 스미스는 '보이지 않는 손'으로 표현했다. 제빵업자와 정육점 주인은 원래는 자신의 이익을 위해 물건을 제공하지만, 그것이 결국 소비자들의 저녁을 해결하고 그들의 후생을 증진시킨다는 것이다. "그는 단지 자신의 안전만을 추구할 뿐이고, 생산물이 가장 큰 가치를 가질 수 있도록 국내산업을 경영함으로써 단지 자신의 이익만을 추구할 뿐이다. 그리고 이 경우에도 그는 다른 많은 경우에서처럼 보이지 않는 손에 이끌려 전혀 자신의 의도에 들어있지 않은 목표를 추구하게 된다. 더욱이 그 목표가 의도한 것이 아니라는 사실이 항상 사회에 더 많은 해가 되지는 않는다. 개인은 자신의 이익을 추구함으로써 실제로 사회의 이익을 증가시키려고 의도했을 때보다 훨씬 더 효과적으로 사회의 이익을 증가시킨다. 나는 공공선을 위해 사업을 하는 척하는 사람이 이루어놓은 좋은 일을 결코 많이 알지 못한다."[17] 시장에서의 자기 이익 추구가 보이지 않는 손에 이끌려 사회와 소비자가 가장 필요로 하는 곳으로 자원들이 흐르도록 하고, 이를 통해 사회의 이익과 공공선이 증대된다. 그리고 이 과정에서 공익을 추구한다고 하는 자들에 비해 훨씬 더 많이 사회에 공헌하게 된다.

이렇게 시장에서의 자기 이익 추구가 공공선을 증진시키는 배경은 시장에서 이루어지는 거래의 특성 때문이다. 시장에서의 거래는 물론 사적 이익의 추구 때문에 이루어지지만, 이 사적 이익 추구는 상호적이다. 다시 말해 거래에 참가하는 사람들은 모두 자신들의 사적 이익을 추구한다는 뜻이다. 그렇기 때문에 거래가 성사되었다는 것은 거래에 참가한 모두가 그것으로부터 이익을 얻게 된다는 말이 된다. 다시 말해 자신에게 돌아오는 이익이 없다면 거래는 성사되지 않는다. '밑지고 판다.'는 장사꾼의 말은 '세계 3대 거짓말 중 하나'라는 말도 있지 않은가. 어떤 한 거래가 성사되었다는 말은 그 거래에 참가한 참가자 모두가 이익을 얻는다는 말과 같다.

시장경제에서 사적 이익 추구는 타인의 욕구를 충족시킬 것을 요구하고, 타인의 욕구를 충족시킴으로써 자신의 욕구도 충족시킬 수 있다. 타인의 지시나 명령에 의한 강압적인 협력이 아니라, 자기 이익 추구가 보이지 않는 손에 이끌려 자연발생적이고 자발적인 협력 네트워크를 구축한다는 것이야말로 자유시장경제의 기적이다. 그리고 이 과정에서 개인의 자기 이익은 물론 사회와 공동체의 이익도 함께 증진된다.

참고문헌

강위석 외, 『자유가 우리를 진리케 하리라』, 한국하이에크소사이어티, 2010.

과트니, 제임스(김정호 편역), 『7천만의 시장경제 이야기』, 자유기업원, 2004.

도킨스, 리처드(홍영남 역), 『이기적 유전자』, 1993.

맨더빌, 버나드(최윤재 역), 『꿀벌의 우화』, 문예출판사, 2010.

박종채(박희병 역), 『나의 아버지 박지원』, 돌베개, 2005.

샌델, 마이클(이창신 역), 『정의란 무엇인가』, 김영사, 2010.

스미스, 애덤(로지, 벤자민 편, 박순성 역), 『애덤 스미스의 지혜』, 자유기업센터, 1997.

포브스, 스티브 외(김광수 역), 『자본주의는 우리를 어떻게 구할 것인가』, 아라크네, 2011.

헌터, 루이스(임정재 외 역), 『이코노믹 이슈 12』, 한스미디어, 2008.

Read, Leonard, "I, Pencil", The Freeman: Ideas on Liberty, Vol. 46, No. 5 (이완재 역, 『나는 연필입니다』, 자유기업원, 1997.)

주석

1) 샌델, 마이클(이창신 역), 『정의란 무엇인가』, 김영사, 2010, pp. 13-14.

2) 포브스, 스티브 외(김광수 역), 『자본주의는 우리를 어떻게 구할 것인가』, 아라크네, 2011, pp. 14-15.

3) 강위석 외, 『자유가 우리를 진리케 하리라』, 한국하이에크소사이어티, 2010, pp. 15-16.

4) 스미스, 애덤(로지, 벤자민 편, 박순성 역), 『애덤 스미스의 지혜』, 자유기업센터, 1997, p. 69.

5) 도킨스, 리처드(홍영남 역), 『이기적 유전자』, 1993.

6) 스미스, 애덤(로지, 벤자민 편), 『애덤 스미스의 지혜』, 자유기업센터, 1997, p. 70.

7) 맨더빌, 버나드(최윤재 역), 『꿀벌의 우화』, 문예출판사, 2010.

8) 포브스, 스티브 외(김광수 역), 『자본주의는 우리를 어떻게 구할 것인가』, 아라크네, 2011, p. 36.

9) 과트니, 제임스(김정호 편역), 『7천만의 시장경제 이야기』, 자유기업원, 2004, p. 59.

10) 과트니, 제임스(김정호 편역), 『7천만의 시장경제 이야기』, 자유기업원, 2004, p. 13.

11) 헌터, 루이스(임정재 외 역), 『이코노믹 이슈 12』, 한스미디어, 2008, p. 62.

12) 헌터, 루이스(임정재 외 역), 『이코노믹 이슈 12』, 한스미디어, 2008, p. 62.

13) 헌터, 루이스(임정재 외 역), 『이코노믹 이슈 12』, 한스미디어, 2008, p. 73.

14) Read, Leonard, "I, Pencil", The Freeman: Ideas on Liberty, Vol. 46, No. 5 (이완재 역, 『나는 연필입니다』, 자유기업원, 1997.)

15) 박종채(박희병 역), 『나의 아버지 박지원』, 돌베개, 2005, pp. 76-77.

16) 스미스, 애덤(로지, 벤자민 편, 박순성 역) 『애덤 스미스의 지혜』, 자유기업센터, 1997, p. 69.

17) 스미스, 애덤(로지, 벤자민 편, 박순성 역) 『애덤 스미스의 지혜』, 자유기업센터, 1997, pp. 121-122.

시장의 사익은 허하고 정치의 사익은 금해야

정기화
전남대 경제학부 교수

사익 추구의 명암

사익 추구는 인류의 문명발전에 크게 기여하였다. 오래 전부터 교역의 이익을 얻기 위해 동서양 간의 교류가 시작되었다. 1975년 신라시대 고분인 경주의 황남대총에서 발굴된 유리조각은 놀랍게도 4세기 말부터 로마제국에서 생산되던 유리병이었다. 지금도 오가기 힘든 중동지역과 그 옛날부터 교류가 있었던 것이다. 동서양 간의 교류는 여러 장벽을 넘어야 했다. 사막을 지나고, 강과 산을 넘어 낯선 땅을 찾아나서야 했다. 길을 잃은 상인들은 천체 관측을 통해 교역로를 찾을 수 있었고 이로부터 천문학이 출발하였다. 수많은 별의 움직임이 교역의 길잡이 역할을 하였던 것이다. 뿐만 아니라 거래에 쓰이는 금을 얻기 위한 노력은 연금술을 낳았고 이를 통해 화학이 발전하게 된다. 연금술 과정에 수많은 물질의 성질이 규명되고 새로운 물실을 만들어내는 방법들이 발견되었던 것이다. 나아가 수송을 원활히 하기 위해 바퀴, 마차, 기차 등이 개발되었다. 이처럼 교역의 이익을 얻고자 하는 사익 추구는 과학기술을 비롯한 수많은 혁신을 낳았던 것이다. 지금도 매일 쏟아지는 신약과 새로운 상품들은 이윤 추구 동기에서 비롯된 것들이다. 이를 통해 인간의 평균수명이 크게 늘어났을 뿐 아니라 과거에는 왕이나 귀족들이 소비할 수 있었던 상품을 이제는 가난한 서민들도 소비할 수 있게 되었다.

사익의 추구는 곤경에 처한 사람을 구하기도 한다. 2004년 봄에 100년만의 폭설이 내려 고속도로의 일부 구간이 차단되면서 수천 대의 차량이 발이 묶여 버렸다. 발이 묶인 대부분의 사람들은 10시간 넘게 주위로부터 고립되었다. 이들을 배고픔과 추위에서 구한 것은 상인들이었다. 그리고 1960년대 미국의 남부에서 차별받던 흑인들에게 일자리를 제공한 것은 이윤을 추구하는 기업들이었다. 일자리를 구하기 힘든 흑인들의 임금은 낮았고 이들을 고용하여 큰 이윤을 남길 수 있었던 기업들은 주변의 비난을 감수하며 이들을 고용하였던 것이다. 그리고 지난 80년대 학생운동으로 쫓겨난 많은 학생들에게 직장을 제공한 것도 이들의 이념보다 재능에서 이윤기회를 발견한 한국의 기업들이었다. 소비자들의 이익 추구는 품질이 뛰어나고 가격이 싼 제품을 찾게 만들고, 이러한 상품을 공급해야 이익을 얻을 수 있었던 기업은 사회적 편견이나 차별을 벗어나 능력 있는 인재를 고용하고자 하였던 것이다.

물론 사익의 추구가 항상 바람직한 결과를 가져다준 것은 아니다. 때에 따라서는 사익 추구를 위해 속임수가 등장하기도 한다. 실크로드 상인들은 양털의 무게를 늘이기 위해 사막의 미세 먼지를 이용하기도 하였다. 모래 바람에 양털을 널어놓고 다시 털면 미세먼지만큼의 양털무게를 늘일 수 있었던 것이다. 고가의 양털은 무게를 미세하게 늘이더라도 속임수를 쓴 상인들에게는 커다란 이익을 가져다주었던 것이다. 예전에는 만병통치약이라고 속여 파는 떠돌이 상인들을 시골 장에서 흔히 볼 수 있었다. 소비자들이 효과를 잘 알 수 없을 뿐더러 알아차렸을 때는 이미 시골 장을 떠나 버린 후였기에 이들은 속임수를 쓰며 이곳저곳 장을 떠돌아 다녔던 것이다. 지금도 중국산 농산물이나 수산물을 국산으로 속여 파는 상인들이 가끔 적발된다. 뿐만 아니라 야밤에 몰래 공장 폐수를 배출하는 기업도 있다. 이러한 속임수는 결국 사익 추구에서 비롯된 것이라고 할 수 있다.

사익 추구는 경제 분야뿐 아니라 사회의 여러 분야에서도 나타난다. 정치인은 선거승리라는 사익을 추구한다. 선거승리로 얻게 되는 사회적 지위 상승에 만족하기고 하고, 권력소비가 주는 즐거움을 추구하기도 한다. 이들은 선거승리라는 사익 추구를 위해 유권자의 말에 귀를 기울이기도 한다. 그리고 선거승리에 도움이 된다면 실현 가능성이 없는 공약을 내세워 유권자를 속이기도 한다. 나아가 지역구 유권자의 표를 얻기 위해 국민의 주머니를 약탈하는 일을 각종 명분을 내세워 합리화하기도 한다. 과학자들도 사회적 명성이라는 사익을 추구한다. 명성이 높아지면 더 많은 연구비를 받을 수 있고 연봉도 높아지기 때문이다. 그래서 뛰어난 업적을 내기 위해 밤새워 연구에 몰두한다. 하지만 연구

업적을 부풀리기 위해 다른 과학자의 업적을 표절하기도 하고 연구결과를 속이기도 한다. 평범한 서민이라고 해서 사익 추구에서 예외적인 존재는 아니다. 이들은 한 푼이라도 아끼기 위해 새벽시장을 보러 다니고 밤새워 인터넷 가격비교사이트를 찾아다닌다. 하지만 이들도 때에 따라서는 세금을 덜 내기 위해 소득을 숨기기도 하고 복지 혜택을 누리기 위해 재산을 숨긴다.

사익 추구는 인간의 본성

사익 추구는 사회 모든 분야에서 발견될 뿐 아니라 세계 어느 곳을 가더라도 만날 수 있다. 이러한 사익 추구로 인해 사회가 큰 이익을 얻기도 하지만 때에 따라서는 많은 문제를 낳기도 한다. 하지만 이러한 사익 추구를 누구도 옳다거나 그르다고 판단할 수는 없다. 그것은 사익 추구가 인간 본성에 속하기 때문이다. 인간이 생물학적 존재인 이상 자신의 생존을 위해 노력하는 것은 당연한 것이다. 실제 많은 생물학적 연구에 따르면 인간은 생존을 위해 진화하여 왔다. 그래서 개인은 자신의 생존을 일정하게 유지하려고 노력하며 주변의 변화에 민감하게 대응한다. 이러한 행동의 결과가 바깥으로 어떤 형태로 드러나든 그것은 자신의 생존 즉 사익을 위한 것이라고 할 수 있다.

사익 추구라는 인간의 본성은 때에 따라 타인과의 협동을 추구하게 만들기도 한다. 타인과의 협동을 통해 자신의 사익이 증가한다면 기꺼이 그렇게 할 것이다. 동물세계의 공생처럼 서로에게 이익을 준다면 자신의 사익을 위해 협력관계를 유지한다는 것이다. 하지만 타인과의 협동을 통해 얻는 게 없다면, 그래서 약탈이 사익에 도움이 된다면 인간의 본성은 약탈을 추구하게 만든다. 그러면 사익을 추구하는 개인 간에 치열한 싸움이 발생한다. 타인을 희생해야 자신이 이익을 얻을 수 있다면 폭력이 일상적이 될 수 있다는 것이다. 하지만 이것은 소집단에서는 잘 실현되지 않는다. 폭력의 행사과정에 자신이 피해를 당할 수 있고 나아가 다른 집단의 약탈로부터 자신의 이익을 지키기 어렵기 때문이다.

이처럼 사익 추구는 여건에 따라 다양한 결과를 초래한다. 그래서 사익 추구가 초래하는 부정적 결과를 두려워하여 사익 추구를 억제하거나 금지하려는 시도가 가끔 등장하기도 한다. 하지만 사익 추구를 부정하려는 시도는 성공할 수 없으며 오히려 인간을 불행하게 만든다. 이윤 추구 동기를 부정하였던 사회주의 국가들은 인간의 삶을 더욱 궁핍하게 하였다. 사익을 추구하는 개인들은 국가소유의 농장에서 열심히 일하려고 하지 않았다. 자신이 열심히 일하더라도 자신의 사익은 크게 증가하지 않았고 열심히 일하지 않더라도 사익이 크게 감소하지 않았기 때문이다. 개인 노력과 무관하게 분배가 이루어지면 사익을 추구하는 인간의 본성은 성실한 근로를 기피하게 만들었던 것이다.

그래서 일부 사회주의 국가를 비롯하여 전체주의 국가들은 인간의 본성을 개조하려고 시도하기도 하였다. 그래서 어릴 적부터 집단시설에서 교육을 시키기도 하고, 집단수용시설에서 인간의 본성을 개조하려고 고문을 가하기도 하였다. 하지만 수만 년에 걸쳐 형성된 인간의 유전자가 교육이나 강압으로 바뀔 수는 없다. 일부 효과를 보인 사례도 본성이 바뀐 것이 아니라 당장의 생존의 도움이 되었기 때문에 의도적으로 그렇게 행동한 결과에 불과하다. 여건이 바뀌면 언제든지 사익을 추구하는 인간의 본성이 드러나기 마련이다. 실제 인간개조의 실험이라고 할 수 있는 중국의 문화혁명은 대부분의 중국인들에게 암흑시대로 기억되고 있다. 강제적으로 농촌의 생활을 경험하였던 사람들에게 그것은 교육이 아니라 고통이었던 것이다. 그리고 인간개조라는 미명아래 행해진 폴 포트 정권의 대규모 수용소는 캄보디아를 황폐화시키고 말았다.

결국 사익 추구라는 인간의 본성은 교육이나 강압을 통해 바꿀 수 있는 것이 아니다. 따라서 사회의 구성 원리는 사익 추구라는 인간의 본성에서 출발하여야 한다. 그렇지 않은 사회는 오래 지속될 수 없다. 중요한 것은 사익 추구라는 인간의 본성을 어떻게 인도하여 사회적 이익을 증대시킬 수 있느냐는 것이다.

재산권은 사익 추구를 사회적 이익으로 인도하는 등대

재산권이란 자원에 대한 배타적 권리를 말한다. 즉 나만이 어떤 것을 소유할 수 있으며 다른 사람이 사용하는 것을 막을 수 있다는 것이다. 쌀에 대한 재산권이 있다면 내가 가진 쌀로 나만이 밥을 지어먹을 수 있으며 필요하다면 다른 사람에게 쌀을 팔 수도 있다. 다른 사람은 내가 소유한 쌀을 훔쳐가거나 약탈할 수 없다. 그리고 나에게 쌀을 팔라고 강제할 수도 없다. 내가 쌀을 가지고 어떻게 하든 그것은 내 선택에 속한다. 그리고 누가 이를 약탈하려고 하면 국가가 이를 보호해주어야 한다. 누군가 훔쳐간 것이 밝혀지면 나에게 돌려주어야 한다. 이러한 재산권이 보호되면 개인 간에 협동이 발생하고 그 결과 사회적 이익이 커진다.

재산권은 자원에 대한 배타적 권리라는 점에서 약탈과 유사한 점이 있다. 내가 쌀을 소유하고 있으면 다른 사람이 쌀을 소비할 수 없다. 내가 쌀을 약탈하더라도 다른 사람은 쌀을 소비할 수 없다. 재산권이나 약탈은 다른 사람의 쌀 소비기회를 빼앗는다는 점에서 유사하다는 것이다. 그러나 재산권은 약탈과 근본적으로 다른 점이 있다. 그것은 재산권이 주어지면 다른 사람의 처지를 고려하게 되지만 약탈은 그렇지 않다는 것이다. 내가 쌀을 약탈할 때 나는 쌀을 가지고 있는 사람에게 쌀이 얼마나 소중한지 전혀 고려하지 않는다. 나의 사익에 도움이 되면 언제나 약탈을 자행한다.

하지만 재산권이 보호되고 있다면 나의 사익 추구를 위해 필요한 쌀을 얻으려면 상대방의 동의를 얻어야 한다. 그 쌀에 대한 권리를 상대방이 가지고 있기 때문이다. 상대방은 소비기회를 빼앗기기 때문에 이를 거절할 수 있다. 그래서 나에게 쌀이 절실히 필요하다면 나는 상대방이 거절하지 못할 제안을 해야 한다. 상대방이 쌀을 빼앗기더라도 만족할 수 있는 제안을 해야 하는 것이다. 그래서 나는 상대방에게 대가를 지불해야 한다. 상대방이 내가 지불한 대가에 만족한다는 것은 그러한 제안이 상대방의 사익을 충족시켰다는 것을 뜻한다. 그리고 나는 나의 사익에 도움이 되기 때문에 그러한 제안을 하였다. 결국 쌀의 소비기회를 빼앗긴 상대방이나 쌀의 소비기회를 얻게 된 나의 이익은 모두 증가한다. 이처럼 재산권이 보호되면 서로의 사익을 충족시켜주는 거래가 발생하게 되는 것이다.

재산권이 보호되면 나의 사익 추구는 나의 이익만 증대시켜주는 것이 아니라 상대방의 사익도 증가시켜준다. 이것은 상대방이 한 사람이든 여러 사람이든 관계가 없다. 나의 사익 추구가 사회의 누군가에게 도움이 된다면 나는 기꺼이 서로의 사익을 충족시킬 수 있는 제안을 할 것이다. 그래서 모든 사람의 사익 추구는 모든 사람의 이익을 증대시켜주게 된다. 그 결과 누가 강제하지 않더라도 서로에게 이익이 될 수 있는 사회적 협력관계가 형성되는 것이다.

재산권이 보호되면 개인 스스로 자신에게 필요한 덕목을 기르게 된다. 재산권이라도 인간의 본성을 바꾸지는 못한다. 하지만 교육이나 강제를 통해 길러지지 않았던 덕목을 스스로 기르고자 노력한다. 그러한 덕목의 추구가 사익의 실현에 도움을 주는 한 그렇다. 상인들에게 신용은 대단히 중요하다. 신용이 없다는 평판은 상품의 거래를 통해 사익을 실현할 수 있는 기회를 놓치게 만든다. 그래서 자신의 사익을 위해 신용을 지키고자 부단히 노력한다. 그리고 주변으로부터 나쁘게 여겨지지 않도록 처신한다. 자신의 처신이 품위 있고 신중하게 보이도록 노력하는 것이다. 이처럼 사익을 위해 언행의 신중함, 정직성, 예의범절, 사려 깊음 등을 배우고 이를 몸에 배도록 익히게 된다. 자부심이 넘치고 거만한 사람이 겸손하게 자신을 낮추게 된다.

재산권이 보호되더라도 사익 추구의 부정적 결과가 사라지는 것은 아니다. 그것은 사익 추구를 사회적 이익으로 인도하는 재산권을 정할 수 없거나 재산권 보호가 미흡할 때 발생한다. 재산권을 정하려면 재산권의 기록이나 이전이 손쉽게 이루어질 수 있어야 한다. 그리고 재산권이 침해되지 않도록 잘 보호해야 한다. 그러나 이를 위한 비용이 많이 들면 재산권 제도의 유지 자체가 쉽지 않을 수 있다. 야생의 동물이나 강물에 대한 재산권을 정하기는 쉽지 않다. 재산권이 정해지지 않으면 사익 추구는 자원의 약탈을 초래한다. 어린 야생동물이라도 사익에 도움이 되면 씨를 남기지 않고 사냥해 버린다. 누구 것도 아닌 강물에 폐수를 버리는 것이 사익에 도움이 되면 물고기가 살 수 없을 정도로 배출해 버린다. 소비자의 재산권이 잘 보호받지 못하면 상인들의 사익 추구는 속임수를 부추긴다. 재산권의 보호가 소홀하면 약탈이 쉽게 등장하기도 한다.

사익 추구의 부정적 결과가 등장하면 흔히 사익 추구를 비난한다. 그러나 사익 추구를 비난하는 것은 문제 해결에 전혀 도움이 되지 못한다. 사익 추구라는 인간의 본성이 달라질 수 없기 때문이다. 따라서 불완전하지만 어떻게 재산권을 정해주는 것이 사익 추구를 사회적 이익으로 인도해줄 수 있는지 생각해 보는 것이 현실적 방안이다. 재산권을 정할 수 없는 바다 속의 물고기는 멸종되어 가지만 주인이 정해진 양식장의 물고기는 넘쳐난다. 쓰는 사람이 임자인 국가재정은 항상 부족하지만 내 돈은 아껴 쓰기 마련이다. 강물의 재산권을 정할 수 없다면 강물에 오염물질을 배출할 수 있는 권리를 정해주는 것이 바람직한 결과를 가져다 줄 수 있다.

재산권을 위협하는 국가권력

사익 추구를 사회적 이익으로 인도하는 재산권이 역사 초기부터 잘 발달하였던 것은 아니다. 식량이 대부분 사냥이나 열매채취를 통하여 조달되었던 인류 초기에는 재산권을 정할 필요가 크지 않았다. 사냥감이나 열매를 대부분 그 자리에서 소비하였기에 재산권이 없더라도 약탈당할 가능성이 적었던 것이다. 물론 사냥이나 열매채취가 개인 간 협력을 통해 이루어지면 사냥감에 대한 재산권이 어느 정도 정해져야 한다. 재산권에 따라 사익을 추구하는 개인의 노력이 달라지기 때문이다. 따라서 사냥에 큰 기여를 한 용사나 족장에게 가장 큰 몫을 배분하는 방식의 재산권이 형성되었을 것이다.

하지만 농경생활처럼 정착생활이 시작되면 재산권은 중요한 역할을 하게 된다. 농경을 통한 식량조달은 긴 시간의 생산 과정이 필요하다. 누군가 씨를 뿌리고 잡초를 제거해야 하며 작물의 성장에 필요한 물이나 거름을 줘야 한다. 이런 노력을 기울여야 수확물을 걷을 수 있다. 하지만 수확물에 대한 재산권이 주어지지 않는다면 아무리 생산적이더라도 누구도 이를 행하지 않는다. 그래서 농경의 시작과 함께 수확물에 대한 권리뿐 아니라 다양한 형태의 재산권이 등장한다. 한국을 비롯해 동아시아에서 농업에 주로 이용된 작물은 쌀이다. 그런데 쌀은 경작하는 과정에서 물을 많이 필요로 한다. 물에 대한 권리가 없다면 토지가 비옥한 강의 하류 지역에서는 농사를 지을 수 없다. 가뭄 때 상류지역에서 농사를 짓는 농부가 물을 차단해 자신의 논에만 물을 댈 것이기 때문이다. 그렇게 되면 누구나 물을 얻기 쉬운 상류지역에서 농사를 짓고자 할 것이고 그 결과 사회가 얻을 수 있는 쌀의 양은 감소하게 된다. 그래서 물에 대한 재산권이 등장하게 되는 것이다.

재산권의 등장은 필연적으로 재산권 보호를 위한 강제력을 필요로 한다. 재산권이란 약탈로부터 이를 보호할 수 있어야 제 역할을 한다. 약탈을 막을 수 없다면 재산권이란 없는 것이나 마찬가지다. 이러한 재산권 보호는 동의를 필요로 하지 않는다. 강제력을 이용하여 권리를 보호해야 하는 것이다. 그러나 강제력을 가진 권력의 등장은 자신이 속한 집단의 재산권을 보호하지만 자신이 속한 집단의 사익을 위해 다른 집단을 약탈하기도 한다. 재산권의 보호를 위한 권력의 등장은 다른 집단에게는 재산권 약탈의 위험으로 여겨지게 되는 것이다.

권력의 등장과 함께 집단의 사익을 위해 강제력을 이용한 약탈이 나타나게 된다. 외부의 약탈을 막기 위해 집단 간의 동맹이 등장하기도 한다. 시간이 지나면서 약탈 전쟁을 통해 집단의 통합이 이루어지면서 점차 국가의 형태를 갖추게 된다. 역사적으로 보면 기원전 약 1,000년 전에 중국에는 약 1,200개의 부족국가가 존재하였지만 기원 전 500년에는 30개, 그리고 춘추시대에는 16개, 전국시대에는 7개로 줄어들었다. 그리고 마침내 진나라가 중국을 통일하게 된다. 이 시기에 전쟁은 일상적인 일이었던 것이다.

국가의 등장과 함께 국가 내부에 수직적 권력 관계가 나타난다. 이러한 국가 내에서 사적 재산권을 가지고 있거나 보호받을 수 있었던 사람들은 권력 지배층에 국한되었다. 일반 백성들은 권력지배층의 사익 추구를 위한 수단에 지나지 않았다. 일반 백성들에게도 일정한 한계 내에서 재산권이 주어지지만 그것은 지배층의 사익 추구에 도움이 될 때에 한정된 것이었다. 지배층은 자신의 이익을 위하여 필요하다면 개인의 경제 활동을 강제하기도 하고 자신의 권력을 유지하기 위해 약탈이나 폭력을 행사하기도 하였던 것이다. 이 당시 사익 추구는 소수의 권력층에만 허용된 것이었고 대다수 개인에겐 그러한 기회가 잘 주어지지 않았다고 볼 수 있다.

하지만 지배층의 강제력을 통한 사익 추구는 사회적 이익을 증대시킬 수 없다. 백성들은 생산 활동에 전념하지 않게 된다. 지배층의 과도한 사익 추구로 백성들의 삶이 어려워지면 백성들은 생산 활동에 종사하지 않고 산속으로 숨거나 멀리 도망가 버린다. 때에 따라서는 지배층에 대들기도 한다. 그러면 국가가 위험에 빠지고 외부의 침략에 쉽게 무너지게 된다.

이에 따라 국가권력층의 지나친 사익 추구로 국가가 위험해지는 것을 막기 위해 다양한 사회적 규범이 등장하게 된다. 그래서 오래 전부터 권력층의 사익 추구를 경계하는 종교, 이념, 사상 등이 등장하였다. 유럽에서는 종교가 권력층의 사익 추구를 제한하였고, 중국에서는 제자백가 등의 사상이 권력층의 사익 추구를 경계하였던 것이다. 이들의 주장도 권력자의 본성에 호소하는 것이었다.

종교는 국가 권력자라도 따라야 하는 신의 법을 말한다. 권력지배자라도 사후 세계는 두려움의 대상이었다. 이들이 종교적 가르침을 따르지 않으면 사후에 신이 마련한 세계에 들어갈 수 없다. 따라서 권력자는 자신의 사익을 위해 종교적 가르침을 따르게 된다. 그런데 대부분의 종교적 가르침은 백성을 사랑하라는 것이다. 또는 현 세계의 물질적 풍요함이 덧없다는 것이다. 이러한 종교적 가르침은 권력자가 자신의 사익을 위해 백성들을 지나치게 억압하면 사후에 자신의 사익을 충족시킬 수 없다는 것을 뜻한다. 그래서 종교는 국가권력자의 지나친 사익 추구를 제한할 수 있었던 것이다.

중국을 비롯한 동양사회에서는 경세가의 사상도 큰 역할을 수행하였다. 권력지배자는 자신뿐 아니라 후대에도 나라를 물려주고 싶어한다. 그리고 여러 나라를 통일하여 큰 업적을 남기고 싶어 한다. 그러려면 나라가 부강하여야 한다. 그래서 대부분의 경세가들은 국가를 부강하기 만들기 위해서는 지배자가 지나친 사익을 추구하지 말아야 한다고 주장한다. 백성들의 삶이 편안하여야 이들이 생업에 열심히 종사하고 그러면 생산도 늘어나 군사도 늘어나고 재정도 튼튼해져 나라가 부강해진다는 것이다. 이것이 권력자의 사익에 부합한다는 것이다.

공자는 작은 이익을 보면 큰 일을 이루지 못한다고 지적한다. 즉 지배자는 단기적 이익보다 장기적 이익을 추구하라는 것이다. 군주는 나라가 부강해지는 큰 이득을 품어야 한다고 주장하는 한비가 이를 잘 보여준다. 즉 상벌을 엄격히 하고 치우치지 않으면 백성이 힘써 일한다고 말한다. 그래서 백성이 힘써 일하고 관직이 바로잡히면 나라가 부강해지고 나라가 부강해지면 군대가 강해져서 패왕의 일이 성사될 것이라고 설득하고 있다. 패왕이라는 것은 군주의 큰 이득이므로 군주는 큰 이득을 품고서 정사를 하여야 한다는 것이다. 이 점은 관자도 마찬가지다. 즉 나라를 평안하게 하기 위해 백성들이 굶주릴 때 먹여 주고, 추울 때 옷 입혀 주듯이 하면 명령을 내리지 않아도 저절로 다스려진다는 것이다.

사적 재산권의 등장과 보호

근대에 이르기까지 종교적 가르침이나 경세가의 이념을 통해 권력자의 사익 추구는 제한되었지만 그렇다고 개인의 사적 재산권까지 잘 보호되었던 것은 아니다. 과학기술의 발전과 함께 시장이 점차 확대되어 가고 있었지만 이러한 시장을 이용할 수 있었던 사람은 권력층이나 권력층으로부터 특권을 부여받은 일부 상인에 불과하였다. 대항해 시대에 중국으로 가는 길을 개척하고자 하였던 선단은 대부분 왕실에 의해 재원이 조달되었다. 이것은 교역을 통해 자신의 이익을 증대시키고자 하는 사익 추구 동기에서 비롯된 것이다.

그러나 시장을 통한 부의 축적 기회가 커짐에 따라 권력자는 선택에 직면한다. 개인에게 사적 재산권을 허용하면 개인들의 부가 증가하고 조세수입이 늘어나 자신의 부도 늘어나며 이에 따라 국가의 안전도 증가한다. 하지만 개인의 부가 증가하면 자신의 권력기반이 취약해져 자신의 지위가 위협받을 수 있다. 그렇다고 개인에게 사적 재산권을 허용하지 않으면 국가의 부가 크게 늘지 않아 외부의 침략에 허약해진다. 대부분의 군주는 자신의 사익을 우선하였기 때문에 개인의 사적 재산권을 허용하지 않는 선택을 하였다. 그러나 역사적 조건에 따라 자신의 권력을 줄여 개인의 사적 재산권을 허용하는 군주가 나타날 수도 있었다.

군주가 사적 재산권을 허용하는 것은 외부의 침략으로 자신의 지위뿐 아니라 생명마저 위협받을 가능성이 높을 때이다. 즉 군주가 자신의 사익을 위해 국가의 부가 증가할 수 있도록 사적 재산권을 허용한나는 것이나. 그리고 실세 이러한 일이 발생할 가능성은 중세 영국에서 매우 컸다고 여겨진다. 이러한 계기를 통해 영국에서 사적 재산권의 보호가 이루어지고 영국의 경제적 부흥을 계기로 많은 국가들이 사적 재산권의 보호에 나서게 된다. 그래서 시장의 확대와 함께 사적 재산권의 보호가 근대사회 발전의 원동력이 될 수 있었던 것이다.

근대사회에 들어 사적 재산권의 보호를 위한 국가권력의 제한은 권력분립을 기초로 한 대의제도에 기초하고 있다. 이것도 기본적으로 권력자의 사익 추구라는 본성에 적합한 것이다. 의회나 사법부, 행정부에서 국가의 강제력을 행사하는 관리들은 권력을 이용하여 사익을 추구할 수 있다. 그러나 이러한 사익 추구는 강제력 행사에 있어서 상호견제에 의해 제한된다. 다른 강제력의 견제를 위해 자신의 강제력이 행사되기 때문이다. 뿐만 아니라 강제력을 행사하는 관리의 사익 추구를 억제하는 다양한 제도가 등장한다.

선기제도는 정치인들이 자신의 사익 추구를 위해서 유권자의 이익에 부합하는 정책을 내세우게 만든다. 그리고 선거에서 재선되기 위해 임기 동안에 지나친 사익 추구를 자제한다. 탐욕적인 사람이 정치인으로 선출되었을 때 단임으로 끝난다면 임기가 끝나기 전에 지위를 이용하여 부정한 방법으로 부를 축적하려고 할 것이다. 그러나 재선의 기회가 주어지면 무모하게 지위를 남용하지 않을 것이고 이에 따라 탐욕이 탐욕을 억제하게 된다는 것이다.

하지만 오늘날에도 국가에 의한 사적 재산권 침해는 여전히 위협이 되고 있다. 정치인들이 국가의 강제력을 이용하여 사익을 추구할 여지가 여전히 많이 있기 때문이다. 특히 일부 유권자와 정치인이 담합하면 이들의 사익을 위해 다른 사람의 재산권은 쉽게 침해당할 수 있다. 나아가 유권자들 스스로 많은 정부지원을 요구한다. 유권자들은 정부지원을 통해 얻는 이익이 자신이 부담하는 조세보다 크다면 이러한 정책을 시행하겠다는 정치인에게 표를 몰아주고는 한다. 자신의 사익 추구에 도움이 되기 때문이다. 그래서 나에게만 특별한 정부의 지원이 이루어지고 조세는 모든 사람이 부담하는 정책을 지지하게 되는 것이다.

민주주의에서 일부 유권자와 정치인의 담합으로 특별한 이익을 보호하는 정책이 시행되면 다수가 소수의 재산권을 침해하는 일들이 많아진다. 더군다나 이러한 침해는 법률이라는 합법적인 방법을 통해 등장한다. 즉 조세부담이라는 합법적 방법을 통해 개인의 재산에 대한 약탈이 발생할 수 있는 것이다. 그러면 예전에 그랬듯이 약탈적 조세를 부담하는 개인들은 생산 활동에 전념하지 않게 된다. 나아가 다른 국가로 이전하거나 국적을 옮기게 된다. 그렇게 되면 국가의 부는 감소하고 국가의 미래는 어두워지는 것이다.

시장에서의 사익 추구로 문제가 발생하면 시간이 지나면서 스스로 교정된다. 시장거래가 중단되면 서로에게 피해를 주기 때문이다. 그래서 서로의 이익을 위해 문제를 줄이고자 노력한다. 그러나 정치적 영역에서는 정치인의 사익 추구로 문제가 발생하더라도 잘 교정되지 않는다. 국가 강제력의 행사는 피해자가 다수여서 선거에 영향력을 줄 수 있어야 스스로 제한된다. 하지만 다수 유권자와 정치인의 담합은 비록 많은 문제가 발생하더라도 잘 교정되지 않는다. 예전에 많은 경세가들이 주장하였듯이 정치권력은 단기적 이익보다 장기적 이익을 추구하여야 하지만 정치인의 임기가 제한되어 있어서 이들이 장기적 이익을 추구하기가 어렵기 때문이다.

시장의 사익 추구는 허하고, 정치의 사익 추구는 금해야

사익의 추구는 인간의 본성에 속하는 것으로 이를 비난하는 것은 잘못된 것이다. 중요한 것은 개인의 사익 추구를 사회적 부를 증대시키는 방향으로 인도하는 것이다. 사적 재산권이 보호되면 시장에서 서로에게 이익인 거래만이 이루어진다. 시장거래에서 발생하는 문제는 사익 추구 때문이 아니라 개인의 권리가 제대로 보호받지 못하기 때문에 나타난다. 이러한 문제도 시간이 지나면서 해결된다. 서로의 이익을 위해 새로운 거래방식이나 권리를 형성할 것이기 때문이다.

사익 추구는 인간의 본성이라는 점에서 정치인의 사익 추구 자체를 비난하는 것은 잘못된 것이라고 여길지 모른다. 하지만 정치인의 사익 추구는 사회적 부를 증대시키는 방향으로 인도하지 못한다. 재산권이 보호되면 개인의 사익 추구는 사회적 부를 증대시키는 방향으로 인도하지만 정치인의 사익 추구는 오히려 사회적 부를 감소시킨다. 정치인의 사익 추구가 바람직한 것은 국가 강제력의 행사가 개인의 재산권을 침해하지 못하도록 국가 권력을 견제할 때뿐이다. 하지만 민주주의에서 선거는 정치인과 유권자의 담합을 통해 시장에 대한 광범위한 개입을 초래할 위험이 있다.

정치인의 사익 추구가 국가권력의 견제를 넘어서서 경제 영역에 간섭하기 시작하면 다수에 의한 소수의 재산권 약탈이 나타날 가능성이 적지 않다. 그렇게 되면 역사적 경험이 말해주듯이 사적 재산권을 보호받지 못한 개인은 이를 피하기 위해 다양한 방법을 모색한다. 예전에 비해 국경선이 낮아진 현실에서 다른 국가로 이전하거나 도피한다. 정치가 장기적 이익을 추구하라는 예전의 사상가처럼 많은 사람이 국가의 미래를 위한 정치를 말하지만 정치인의 임기가 제한되어 있어서 이마저 실현될 가능성이 낮다. 그래서 현재로서는 정치를 줄이는 방법밖에 해결책이 없어 보인다.

결국 시장의 사익 추구는 부를 증대시키지만 정치에서의 사익 추구는 부를 감소시킨다. 시장의 사익 추구는 허용될수록 물질적 풍요가 증대하지만 정치의 사익 추구는 허용될수록 사적 재산권을 제약하여 국가의 미래를 불안하게 한다. 따라서 시장에서는 사익 추구는 허하고, 정치에서의 사익 추구는 금해야 하는 것이다.

사익 추구를 길들이는 것은 자유시장

민경국
강원대 경제학과 교수

홉스문제(Hobbesian Problem)

우리가 살고 있는 현대사회는 하이에크가 규정하듯이 "확장된 질서(Extended Order)"이다. 분업과 교환이 소규모의 그룹에서부터 지역이나 국가전체로까지, 심지어 범세계적으로까지 확장되었다. 그런 사회의 특징은 자유경제, 자유제도, 일부일처제를 가진 자본주의 사회라는 점이다.

그런 사회에 대한 우려가 예나 지금이나 매우 크다. 이기적 인간이 사는 세상은 빈곤, 실업, 소외, 혼란, 무임승차, 수인의 딜레마 등 이른바 '홉스 문제(Hobbesian Problem)'가 야기된다는 이유에서다. 이 문제를 해결하기 위해서 강력한 국가가 나서야 한다고 주장한다.

그에 반하여 이기심을 예찬하면서 '사익 추구를 최대한 보장하는 게' 시장이라는 식으로 시장경제를 해석한다. 설득력이 있는 설명도 없이 이기심에게 면죄부를 주고 있다. 어떤 규제도 불필요하다는 논리를 도출한다. 이기심의 낙관론이다.

그 두 가지 주장은 시장경제를 제대로 이해하지 못하고 있다는 것을, 또한 시장경제에는 국가의 규제가 없이도 스스로 이기심을 규제하는 자율메커니즘이 존재한다는 점을 보여주는 것이 이 글의 목적이다.

생물학적 진화와 이타심 : 이타적 유전자

인간이 본능적으로 이타적이냐 이기적이냐는 오랜 논쟁의 대상이다. 오늘날에는 과학의 힘으로 그런 논쟁을 해결하려고 한다. '진화적 심리학'이 인간의 본능은 이타적이라는 믿을만한 지식을 제공하고 있다.

어떻게 그런 인식을 얻었는가를 설명하기 전에 인간은 본능적으로 이기적이라는 '사회생물학'의 인식이 잘못되었음을 지적하고자 한다.

사회생물학과 이기적인 유전자

진화에 따르면 개체의 적응도는 자손을 얼마만큼 퍼뜨리느냐에 따라 결정되는데 그 적응도는 이타적으로 행동할수록 낮아지고 이기적으로 행동할수록 높아진다.

따라서 유전자는 이기적일 수밖에 없고 진화는 오로지 개체의 이기적 유전자에 의해 추진된다고 믿고 있다. 이기적 유전자라는 말이 생겨난 이유다. 그러니까 인간행동은 이기적일 수밖에 없다는 것이다.

이기심에 대한 그런 주장은 생물학적 진화와 사회과학을 합성 융합한 윌슨(O. E. Wilson), 도킨스(R. Dawkins) 등의 '사회생물학'의 인식이다. 진화란 자신의 환경에 가장 잘 적응된 행동을 하는 개체의 유전적 특질이 선택되어 전수하는 과정이다.

아버지 어미니가 아들 딸, 할아버지가 손자 손녀에 대하여 애착심을 갖는 이유는 조건 없는 사랑 때문이 아니라 그들이 아버지 또는 할아버지의 유전자를 가지고 있기 때문이다. 이타적 행위는 단순한 '표현형'일 뿐 '유전형'은 이기적이라는 게 사회생물학의 인식이다. 사유재산제, 화폐, 교환, 법 등 사회제도도 그런 본능적 욕구의 소산이라고 주장한다.

그러나 열린 확장된 사회에 대한 사회생물학의 해석은 전적으로 믿기 어렵다. 그런 사회는 본능의 소산도 아니요 계획의 산물도 아니다. 문화적 진화의 산물이다. 수많은 인간들의 상호작용의 무의도적 산물, 즉 문화적 진화의 선물이다.

사회생물학을 따르면 인구가 증가해야 한다. 그러나 오히려 줄어들고 있다. 그 이유가 인구증가율보다 식품생산율의 증가가 더 낮기 때문에 야기된다는 빈곤, 즉 맬서스의 덫 때문은 아니다.

출산율의 감소는 사회생물학의 유전적 적응의 극대화 가설과

정면충돌한다. 이런 가설에 타당한 게 동물의 세계이다. 동물의 유전자는 자기복제를 극대화하기 때문이다.

인간의 선호나 의도는 유전적 지배로부터 상당한 정도로 해방되었기 때문에 인류학의 주장에도 귀를 기울일 필요가 생긴다.

진화심리학과 이타적 유전자

이타심의 기원은 본능이고 협력은 그런 본능의 진화에서 비롯되었다는 게 코스미데스(L. Cosmides), 투비(J. Tooby)등이 진화생물학과 인지심리학을 결합하여 개발한 진화심리학의 인식이다. 이타적 유전자라는 말이 그래서 생겨났다.

우리의 정신적 성향은 생물학적 진화사에 뿌리를 두고 있고 정신이란 호모사피엔스의 심리적 본능적 구조가 형성되던 환경의 결과라는 게 진화심리학의 인식이다.

그 환경은 세 가지 특징이 있었다. 첫째로 당시 원시인들의 사회적 관계는 부족과 혈연으로 소규모 집단(30~150명)을 이루고 있었다. 즉, 원시인들은 수령과 지도자의 명령에 따라 수렵과 채취를 하면서 살았다. 사유재산이나 시장교환과는 거리가 먼 사회였다. 그렇게 살아야 당시의 환경에 성공적으로 적응할 수 있었다.

둘째로 한 사람이 많이 가지면 다른 사람이 적게 갖는 영합 세계였다. 수렵채취자들은 자연에 의해 주어지는 것에만 의존하여 살았다. 경제성장이란 없었다. 사회는 소규모 평등주의가 지배하는 사회였다. 그들은 나누어 먹는 관계였다. 서로 돕고 나누어 먹으면서 애정 연대로 뭉쳤다. 공동으로 달성할 목적이 지배하는 사회였다.

셋째 당시에도 교환은 있었다. 그러나 그것은 시장교환이 아니라 호의를 주고받는 관계였다. 당신이 어려운 처지에 있는 사람들을 도와주면 당신이 그런 상황에 처할 경우 그들도 당신을 도와준다는 것이다. 이것도 이타심과 유대감에서 나온 행동이다

요컨대 연대감, 유대감, 나눔, 참여, 사랑, 나누어 먹기 모럴, 경쟁을 싫어하는 것, 그룹에 대한 애착심과 애정, 집단주의 사고, 감성적인 사고 등 정신구조는 고고인류학자들이 보여주고 있듯이 당시 수렵채취자들이 직면했던 환경에 가장 잘 적응한 심리적 요소였다. 그래서 이를 하이에크는 '부족사회의 정신태도(tribal mentality)'라고, 코스미데스는 '석기시대의 정신(stone age mind)'이라고 말한다.

진화심리학의 중요한 인식은 두 가지이다. 첫째로 진화사에서 인류가 직면했던 적응문제는 특수한 것들이었기 때문에 모든 문제를 해결할 수 있는 정신은 진화사에서 존재하지 않았고 존재할 수도 없었다는 인식이다.

그런 인식은 인간정신은 특정 내용과 독립적으로 일반적 방식으로 어떤 문제든 해결할 수 있다는 합리주의 사상에 대한 정확한 비판이라는 걸 직시해야 한다.

둘째로 석기시대의 정신이 아직도 현대인의 본능 속에 자리

잡고 있기 때문에 문화적 진화의 결과로서 이기심, 사유재산, 불평등을 이해할 수 없다는 것이다. 시장의 발달과 자유주의 발전의 장애물로 작동한다는 것이다.

오늘날 좌파지식인들이나 학자 또는 정치가들이 집단주의, 연대감, 유대감을 중시하는 것, 감성에 호소하는 것, 책임을 사회에 돌리는 것, 경쟁을 싫어하는 것 등은 원시사회에 대한 동경에서 비롯된 것이다.

복지국가, 분배정의, 국민연금제도, 의료독점제도, 민족주의에 따른 보호주의는 모두 본능적 욕구를 인간 이성에 의해 실현하려는 노력의 결과이다. 원시사회에 대한 향수와 합리주의적 구성주의가 결합한 결과이다.

문화적 진화: 이기심

인류학이 출발하는 석기시대의 환경은 사회주의자들에게 '황금률'로 여겨지는 평등주의가 지배하는 모범된 시기였다. 인간들은 소규모로 무리를 지어 살았다. 환경에 대해 유사하게 인지하면서 공동의 목적을 가지고 그룹 내에서 협력하며 살았다. 수렵과 채취를 하면서 살던 시기에 본능이 형성되고 고착되었다.

그러나 그런 삶을 극복하는 힘이 작동했다. 이게 문화적 진화이다. 이 진화의 모습은 어떠했는가? 그 핵심과정은 행동방식의 혁신, 성공적인 행동방식의 선별과정, 모방과 학습을 통한 확산과정 등으로 구성되어 있다.

문화적 진화의 전개과정

소규모 그룹들 중에는 정직성, 계약의 준수, 사유재산, 낯선 사람들과의 거래 등 점차 지금까지와는 전혀 다른 행동방식을 개발하여 번영을 누리는 그룹이 있었다. 오늘날의 문명의 등장은 바로 그런 행동방식, 즉 행동규칙의 혁신에서 비롯된 것이다.

그런 행동규칙들의 덕택으로 문제해결을 위한 지식의 습득이 가능하게 되었고 이로써 환경을 지배할 수 있는 능력도 커졌다. 장사 돈놀이, 낯선 그룹들과의 협력도 가능했다. 공동의 집단목표 영역이 점차 줄어들고 개인의 목표 추구를 허용하는 규칙들이 등장했다.

그런 규칙들은 모방과 학습과정을 통해서 확산되어 갔다. 후천적으로 학습된 규칙들은 점차 성장하여 본능을 교체해갔다. 이제 생물학적 진화 대신에 문화적 진화가 들어선 것이다.

모방과 학습과정을 통해서 언어, 사유재산, 법, 도덕, 종교규칙, 화폐 등이 등장했고 이런 제도들이 시장의 진화에 결정적인 역할을 했다. 시장의 기초가 되는 행동규칙들이 자생적으로 형성되었다.

흥미롭게도 그 같이 등장한 학습된 규칙들은 종전의 금기들을 무효로 만들었다. 그들은 특정행동을 금지하거나 특정행동을 지정하는 대신에 제3자의 자의적인 폭력, 기만, 사기 등으로부터 침해받지 않고 자신의 목적을 위해 자신의 지식을 이용할 자유를 확립하는 규칙들을 만들었다.

그런 규칙들의 대표적인 예는 다른 그룹과의 바터무역의 허용, 토지의 사적 소유의 인정, 계약 준수 의무, 동료와의 경쟁의 허용, 빌려준 돈에 대한 이자허용 등이다. 이런 모든 혁신은 이타적인 본능과 전통적인 규칙들을 침해하는 규칙들이었다. 이 맥락에서 김정호와 공병호는 '갈등하는 본능'이라고 표현하고 있다.

시장의 기초가 되는, 그래서 우리에게 보편적으로 이익을 가져다주는 제도들은 인위적으로 계획하여 입법을 통해 만든 게 아니라 인간들이 살아오면서 시행과 착오과정을 거쳐 자생적으로 형성되었다.

인간이성의 한계와 이기심의 등장

그런 제도들로 개인들의 활동영역을 대폭 늘어났다. 인구도 급진적으로 늘어났다. 사회의 규모가 점점 커진다. 낯모르는 사람들과 협력하고 거래한다. 이런 상황에서 본능에 정착된 이타심은 어떻게 작동하는가? 이에 대한 해답은 하이에크에게서 찾을 수 있다. 그는 『자유의 헌법』에서 이렇게 말하고 있다

"우리는 절친한 사람들의 운명에 대하여 진정한 관심을 기울일 수 있을 뿐만 아니라 그들이 도움을 필요로 할 때 어떻게 도와야 하는지를 잘 안다. 그러나 우리는 세상에서 수천, 수백만

명의 불쌍한 사람들이 존재한다는 사실을 알고 있지만 그들 각자의 개별적인 사정은 알지 못하는 경우 이런 불쌍한 사람들에 대해서는 그런 감정을 가질 수 없다. 아무리 그들의 불쌍함에 마음이 흔들릴지라도 고생하는 수많은 사람들에 관한 추상적인 지식은 우리의 일상생활의 활동을 안내하지 못한다. 우리는 우리의 삶의 범위에 있는 사람들의 불행을 느끼는 방식과 똑같은 방식으로 불행하다는 것은 알지만 개별 사정을 알지 못하는 수천 수백만의 불행을 느낄 수 없다."

즉, 인간은 지적 능력에 한계가 있고 그래서 도덕적 역량도 제한되어 있다는 게 하이에크의 주장이다. 사랑, 연대, 유대, 참여, 나눔과 같은 이타심의 도덕을 실천하기 위해서는 타인들의 목적과 행동 그리고 생각이나 견해를 알아야 가능하다.

그러나 감각기관을 통하여 직접 알 수 있는 범위는 제한되어 있다. 우리의 눈은 멀리 볼 수도 없다. 우리의 귀도 멀리 들을 수 없다. 우리의 후각과 촉각도 그렇게 발전하지 못했다.

우리의 감각기관은 소규모 사회에 매우 적합하게 진화되었다. 감각도구를 통하여 직접 알 수 있는 범위는 극히 제한되어 있다. 가족, 친지, 친구관계 등 대면사회(face to face)에 국한되어 있다. 이런 사실이 인간이성의 구조적 무지이다. 이런 무지 때문에 거시우주를 직접 알 수가 없다.

그렇기 때문에 개인들은 이타심을 가족이나 또는 친구관계와 같은 소규모 그룹에만 행사될 수 있을 뿐이다. 역지사지, 동감적

상상, 이심전심을 가능하게 하는 원시사회와 같은 소규모 사회에나 적응되었다. 우리가 확인하는 것은 우리의 감각기관의 발달 정도에 종속되는 것이 연대성 도덕이라는 것이다.

애덤 스미스의 두 얼굴

이미 잘 알려져 있듯이 애덤 스미스는 국부론에 전제한 것과는 전적으로 상이한 인간상을 『도덕감정론』에서 제시하고 있다. 도덕 감정에 관한 그의 초기 저서는 다음과 같은 말로 시작하고 있다.

> "아무리 인간이 이기적이라고 상정한다고 해도 그의 본성에는 분명히 어떤 원칙이 있는데 그 원칙은 다른 사람들의 행운에 대해 관심을 갖게 하고 그걸 보는 기쁨 이외에는 아무것도 얻지 못한다고 해도 그에게 필요한 행복을 갖게 한다."

그러나 스미스는 경제에 관한 책에서는 인간행동의 주요원친을 이기심이라고 보고 있다.

> "우리가 매일 식사를 마련할 수 있는 것은 푸줏간 주인과 양조장 주인, 빵집 주인의 자비심 때문이 아니라, 그들 자신의 이익을 위한 그들의 고려 때문이다. 우리는 그들의 자비심이 아니

라 그들의 자애심에 호소하며, 그들에게 우리 자신의 필요를 말하지 않고 그들 자신에게 유리함을 말한다."

많은 사상가들은 『도덕감정론』은 인간의 이타심에, 『국부론』은 인간의 이기심에 의존해서 썼기 때문에 도덕 감정론은 '애덤'이 썼고 국부론은 '스미스'가 썼다는 식으로 풍자했다.

그러나 애덤 스미스에게 모순은 결코 존재하지 않는다. 이타적 행동은 인간관계의 친숙성에 좌우된다는 게 스미스 논리다. 그런 행위를 빈번히 목격할 수 있는 사회는 친숙도가 높은 가족, 이웃 등 소규모 그룹이다.

상업사회는 비교적 낮은 상이한 친숙도의 사람들이 분업하는 거대사회이기에 그 속에서 이기심이 지배한다는 게 스미스의 인식이다. 스미스의 동감의 원리 즉 역지사지도 그 같은 맥락에서 이해해야 한다.

노벨경제학상 수상자 버논 스미스(V. Smith)도 인성의 이중성을 보고 있다. 얼굴을 아는 사람들끼리의 교환을 이타심으로, 시장에서의 익명적 교환에 속하는 행동을 이기심으로 표현하면서 인간은 아는 사람을 만났을 때와 낯선 사람을 만났을 때에 서로 다르게 행동한다는 것을 실험을 통해서 확인하고 있다.

열린사회와 홉스적 문제의 해결: 자생적 질서

오늘날과 같이 거대한 사회는 이기심이 지배한다. 시장의 형성, 사적영역의 확대로 사익 추구의 여지가 대폭 넓어졌다. 인간들이 이기적으로 행동한다. 그럼에도 불구하고 평화롭고 번영하는 질서가 어떻게 가능한가?

문화적 진화는 인간들이 자의적으로 사익을 추구하는 것을 내버려두지 않았다 반사회성을 사회성으로 돌려놓는 메커니즘, 서로 매칭되지 않는 개인들의 선호, '나쁜' 행동들을 길들이고 걸러내는 메커니즘의 진화, 특정한 행동을 금지하는 행동규칙의 진화를 통해서 자생적으로 질서가 형성된다.

행동조정을 통한 사익 추구의 자율규제

인간들이 '목적이 지배하는(teleocratic society)' 원시사회에서 점차 해방되면서 개인들의 사적 영역이 확장되었다. 개개인들은 각자 목적순위를 정하고 자신들이 각자 가진 지식을 동원하여 계획을 세운다. 이런 의미에서 사익 추구라고 말해도 된다.

사람들이 각자 계획을 세우는 것으로 끝나지 않는다. 그들의 계획이 성공할 수 있으려면 그들의 계획이 거래 파트너들의 계획과 서로 양립해야 한다. 왜냐하면 거래 파트너들은 불가피하게 서로 의존되어 있기 때문이다. 그런 조정이 없이 거래 파트너들은 성공적으로 계획을 수행할 수 없다.

그런 조정을 위해서 거래 파트너들은 계획의 수정, 양보와 타협을 통해서 자신들의 계획들을 상호간 적응시켜 간다. 서로 충돌하는 선호나 목적들의 상호순응, 그들이 가지고 있는 상이한 지식의 수렴 등이 조정과정이다. 이런 과정에서 중요한 역할을 하는 것이 그 조정에 필요한 지식을 전달하는 가격과 그리고 그들이 공동으로 지키는 행동규칙이다. 그런 조정은 외부의 간섭이 없이 자생적이다. 이런 조정과정을 통해서 사익 추구가 통제를 받는다.

경쟁과정을 통한 사익 추구의 자율규제

자유 시장에서 경쟁원리가 작동한다. 이기심에서 야기되는 경쟁은 본능에 반하여 자생적으로 형성된 사회적 현상이다. 그러나 본능은 경쟁을 싫어한다.

시장에서 사익을 추구하는 기업들은 소비자들의 구매력을 놓고 경쟁한다. 그런 경쟁은 자의적인 사익 추구를 통제한다. 품질이 나쁨에도 비싸게 팔아서 사익을 추구하는 행위는 시장이 내버려두지 않는다. 그런 기업은 경쟁자들 때문에 여지 없이 시장에서 밀려난다. 소비자들이 등을 돌리는 것을 강제로 막을 수 없다. 사익 추구 방법을 바꾸는 방법 밖에는 다른 방도가 없다.

고용관계 부서의 배치 등 위계적으로 구성된 기업내부에서도 경쟁이 이루어진다. 사익 추구를 위해 멋대로 해고하는 기업은 노동자들의 '등 돌리기(exit)' 메커니즘이 작동하여 처벌한다. 기업들은 노동자가 기업을 떠나는 걸 막을 수 없다. 경쟁은 위계조직을 상호이익의 범위 내로 유지하는 역할을 한다.

그런 경쟁은 정치적 영역에서는 덜 효율적이고 덜 직접적이다. 국제적 경쟁도 정부의 행동을 통제하기 어렵다. 헌법적 견제장치가 중요한 이유다.

행동규칙을 통한 사익 추구의 자율규제

인간들의 이기심을 억제하거나 완화하는 다양한 메커니즘은 또 있다. 시장경제의 기초가 되는 행동규칙이다. 일반적 추상적 성격의 정의의 규칙이다. 개인의 자유, 인격, 재산의 침해를 막는 역할을 한다.

그런 행동규칙들은 장구한 역사적 과정 속에서 시행과 착오를 거쳐 형성되었다. 그들은 시장의 발전과 함께 진화한 것이다. 인간들은 그런 공동의 행동규칙들을 지킴으로써 무임승차, 사회적 딜레마 등 홉스의 문제를 해결하고 인간들 사이의 협력이 가능하게 되었다.

흥미로운 문제는 왜 인간들이 그런 행동규칙을 지키는가의 문제이다. 문화적 진화는 행동규칙의 위반을 처벌하는 메커니즘을 탄생시켰다

처벌메커니즘 1: 첫째로 교통법규를 지키지 않으면 생명의 위협을 받듯이 진화는 행동규칙을 지키지 않으면 당장 피해 또는 손해를 당하도록 하는 장치를 탄생시켰다. 문법을 지키지 않고 말하면 의사소통이 안 되어 낭패를 당한다.

둘째로 보복이라는 메커니즘을 탄생시켰다. 내가 약속이나 재산의 보호 규칙을 지키지 않으면 다른 사람도 지키지 않고 그 위반을 보복한다. 보복이 두려워 행동규칙을 지킨다.

어느 한 사람이 특정한 행동을 하여 피해를 보는 사람이 생기

면 이는 그 행동에 대하여 보복한다. 그런 보복이 두려워 그 행동을 하지 않는다. 그런 보복은 행동규칙의 자생적 형성과 그 준수에 강력하게 작용한다.

셋째로 비난과 추방 메커니즘을 탄생시킨 것도 진화다. 행동규칙을 위반할 경우 불특정 다수의 비난을 받고, 극단적인 경우 공동체로부터 배척당한다. 애덤 스미스에 의하면 인간들은 기본적으로 타인들로부터 인정받고 싶어 하고, 좋은 평판을 받고 싶어 하는 성격을 가지고 있다는 것이다.

이러한 내재적 욕망으로 인하여 사회를 통합할 수 있는 규칙들이 자생적으로 형성되고, 규칙준수도 국가가 필요 없이 자생적으로 이루어진다는 것이다.

행동규칙의 준수여부가 손해 이익에 의해 결정되는 경우이다. '정직은 최선의 방책이다.'라고 말하는 경우에 해당된다. 지키지 않으면 당장 피해 또는 손해를 당할 위험 때문에 행동규칙을 지킨다.

처벌메커니즘 2: 넷째로 행동규칙의 준수여부가 손해 이익에 의해 결정되는 게 아니라 지킬 성향이 몸속에 체화되어 있는 경우이다. 이는 '정직은 최선의 방책'이라고 믿는 사람과 정직한 사람의 구분과 동일하다.

지켜야 할 행동규칙이 우리의 정신 속에 내재되어 있다. 이를 위반하면 양심의 가책, 수치심을 갖는다. 다시 말하면 인간 내면의 소리에 의해 규칙위반이 처벌된다. 그것은 스코틀랜드 계몽주의자들로부터 주목을 받은 행동규칙이다.

어떤 초월적 존재나 또는 어떤 신성한 상징과 연결시켜 행동규칙들의 위반에 대한 처벌을 강화하고, 이로써 그 행동 규칙의 준수를 강화한다. 이 상징으로서 또는 초월적 존재로서 중요한 역할을 하는 게 종교이다.

종교는 합리적 사유와 철학이 있기 이전에 도덕규칙의 신성함을 부여하는데 중요한 역할을 담당했다. 애덤 스미스, 하이에크가 자본주의의 소유권 제도 형성에서 종교가 중요한 역할을 한다고 주장했던 것, 노스가 이데올로기의 중요성을 강조한 것, 자본주의 발전에서 프로테스탄트 윤리의 역할을 강조한 막스 베버의 종교경제학도 바로 그런 맥락에서이다.

행동규칙의 내재화에서 중요한 역할을 하는 것은 사회적, 경제적 그리고 문화적 교류과정을 통한 개인들의 경험과 교육이다. 이미 잘 알려져 있듯이 유교가 도덕교육을 중시하고 있는 것도 이러한 맥락에 비추어 해석할 수 있다.

행동규칙이 내 행동을 제한하는 요소가 아니라 그 자체가 나 자신의 정체성이 된다. 지키는 게 조건 반사적이거나 무의식적이다.

국가의 역할과 자유주의 공익개념

민법, 상법, 형법, 판례법, 법관의 법, 관습법, 형법 등 시장경제의 기초가 되는 사법을 국가가 집행한다. 물론 그런 법 규칙의 대부분은 자생적으로 생성된 제도를 법으로 승격시킨 것이다.

국가가 집행하는 사법은 컴 먼로 전통과는 달리 정치적 과정의 산물일 수 있다. 따라서 어떤 내용의 법을 발견 제정하는가의 문제는 공익 개념과 밀접한 관련이 있다. 문화적 진화와 양립하는 공익개념을 찾아야 한다.

일반적으로 공익개념은 두 가지로 분류할 수 있다. 영국의 정치철학자 오크쇼트(M Oakeshott)와 하이에크의 분류에 따라 하나는 목적이 지배하는 개념(teleocratic conception)이다. 다른 하나는 법이 지배하는 개념(nomocratic conception)이다.

목적이 지배하는 공익개념은 법이 집단목표를 달성하기 위한 수단이라고 여기는 개념이다. 이는 인간을 정치적 목적을 위한 수단으로 여긴다. 이런 점에서 그런 개념에 따른 경제 질서는 원시사회와 유사하다.

그 같은 공익개념은 열린사회, 시장경제의 자생적 질서와 충돌하는 것은 물론이다. 열린 자생적 질서의 중요한 특징 가운데 하나는 구성원들이 공동으로 달성할 집단적 목표가 없고 개인이나 개별기업들이 제각기 독립적으로 추구하는 개별목표만 있을 뿐이다.

목적이 지배하는 컨셉을 적용하면 사법의 공법화를 초래한다. 공법은 목적이 지배하는 법이기 때문이다. 사법사회를 공법사회로 만드는 결과를 초래한다. 원래 공법은 법이라고 부르지 않았다. 법실증주의자들이 법이라고 이름을 붙였다

그 같은 컨셉에 해당되는 것은 첫째로 공익을 파레토 최적, 또는 사회적 후생함수로 표현하는 후생경제학이다. 둘째로 마키아벨리, 마르크스의 권력론적 또는 계급론적 개념이다.

법(nomos)이 지배하는 컨셉에서 법이란 일반성, 추상성, 확실

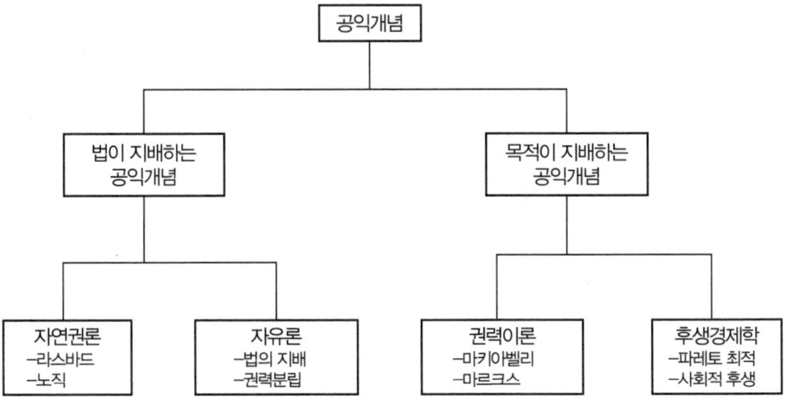

성을 갖춘 정의로운 행동규칙을 말한다. 그런 법은 개인들과 기업들이 자유로이 활동할 수 있는 틀과 관련되어 있다.

사적 자치, 자율성 확립과 관련이 있다. 사법사회를 형성하는 원칙이다. 그런 컨셉에 해당되는 공익개념은 두 가지로 나눌 수 있다. 하나는 자유 지향적 공익개념이고 다른 하나는 권리 지향적 공익개념이다.

후자는 머레이 로스바드, 한스 헤르만 호피, 로버트 노직 등 합리주의적 자연권 사상에서 도출된 공익개념이다.

자유 지향적 공익개념은 스미스, 흄, 하이에크 등 스코틀랜드 계몽주의 전통의 공익개념이다. 이는 차별입법과 목적입법의 금지를 핵심내용으로 하는 법의 지배(법치) 원칙의 실현이다.

법이 지배하는 사회에서만이 개인들은 이기적 또는 자선적 행동을 자유로이 선택할 수 있다. 그런 사회에서만이 개인이나 기업들이 문제해결 능력과 문제해결 지식을 축적하여 상황변화에 적응할 수 있다. 그 결과 효율적인 내적 비공식 제도의 진화와 함께 보편적 번영을 가져올 수 있다

이기심을 규제하는 자율 메커니즘

이기심을 뜻하는 사익 추구는 본능적인 것이 아니다. 본능은 이타적이다. 사익 추구는 후천적으로 습득한 근대적 산물이다. 즉 문화적 진화의 선물이라는 뜻이다. 문화적 진화는 한편으로는 사익 추구를 허용했지만 다른 한편 그 사익 추구가 모든 사람들에게 이익이 되는 방향으로 길들이는 장치를 마련했다. 그게 조정과정 경쟁과정 그리고 처벌과정 등 사익 추구에 대한 시장의 자율규제 메커니즘이다.

좌파와 간섭주의는 왜 사익 추구를 비관적으로 보면서 강력한 국가의 개입을 주장하는가? 사유재산, 경쟁, 법치주의를 기반으로 하는 시장은 외부의 간섭이 없이도 스스로 인간행동을 규제하는 자생적 질서라는 걸 이해하지 못하기 때문이다.

왜 이를 이해하지 못하는가? 그 이유는 코스미데스와 투비 등이 말하는 것처럼 석기시대에서 본능적으로 습득한 정신, 즉 석기시대의 정신, 하이에크가 말하는 부족사회의 정신구조를 가지고 현대사회를 평가하기 때문이다.

진화적 적응 환경은 제로 섬 사회였다. 당시에는 유대감, 이타심이 지배하는 사회였고 이것이 본능적, 심리적 요소로 자리 잡았다.

석기시대의 정신으로 볼 때 이기심은 매우 낯선 것이고 그래서 그런 행동을 두렵게 생각했다. 제 것 챙기는 것, 이윤을 챙기는 것을 훔치거나 빼앗고 기만하는 것으로 여겼다. 부의 축적은 착취나 권력의 남용에 기인한 것이라는 믿음도 그런 본능의 소산이다.

일각에서처럼 무조건적으로 사익 추구를 예찬해서도 안 된다. 그리고 '사익을 최대한 충족시키는 게' 시장이라는 식으로 시장경제를 해석해서도 안 된다. 사익 추구에 대한 자율규제 메커니즘이 내장되어 모든 사람들에게 이익이 되는 방향으로 사익 추구를 길들이는 게 시장경제라는 걸 직시해야 한다.

자유주의 경제학은 이기심이 좋다거나 나쁘다고 평가하지 않는다. 그런 평가는 진정한 자유주의가 아니다. 이기적 행동을 조정하고 통제하는 제도적 메커니즘을 중시한다. 그 메커니즘이 조정·경쟁·행동규칙 메커니즘이다.

사익 없이는 '공익'도 없다

김행범

부산대 행정학과 교수

사익 개념의 왜곡

정부는 으레 공익(public interest)을 내세우고는 이것이 사익(private interest)보다 우월하다고 내세운다. 국가 없는 상태에서 개인이 사익을 뺏으려고 또는 뺏기지 않으려고 싸우던 홉스의 자연 상태(state of nature)에서 사익의 최대 침해자는 다른 개인이다. 그러나 국가 아래서 경제생활을 유지하는 오늘날에는 사익에 대한 최대의 적은 바로 공익을 내세워 사익을 억제하는 정부 그 자체이다. 그러므로 오늘날 사익의 가치와 의미를 밝히는 것은 곧 사익과 공익의 관계 규명이기도 하다.

정부는 사익이 아니라 공익을 기준으로 하여 정책을 결정하고 집행해야 한다고 말하는 사람이 많다. 이런 언어 용례는 사익에 대해 많은 오해를 낳게 하며 나아가 정책결정 자체를 왜곡한다. 사익이란 나쁘거나 적어도 공익보다는 열등한 것이라고 보는 미신의 뿌리에는 먼저 사익이란 언어에 대한 잘못된 해석이 자리

잡고 있다. 따라서 사익-공익의 관계 규명에 앞서 먼저 왜 사익이란 개념이 공익보다 열등한 것이라고 잘못 인식되어 있는지를 살펴보고, 더 나아가 공익이란 것이 실상은 사익을 초월하여 존재하는 것이 아니라 바로 사익 그 자체로부터 만들어지며 따라서 공익이란 것도 사익을 떠나서는 존재할 수 없음을 보일 것이다.

본래 사익(private interest)은 "사"와 "익"이란 두 가지 언어 요소로 구성되어 있다. 후자인 "익(益)"부터 보면, 이익(interest)의 사전적 의미는 ①권리, 자격, 합법적으로 갖는 몫 ②이득이나 책임에 관여 ③사업, 회사 ④유리함 등을 포함한다. 손익을 따져 보아 당사자에게 물질적 혹은 비물질적으로 이득이 되는 것들을 포함한다. 그 내용 상의 약간의 애매함을 감수하면 "익"의 정의는 비교적 명확하다.

그런데 더 복잡하고도 중요한 것은 "사(私)"란 개념이다. 여기에는 ①한 개인 및 집단을 위한(개인적인), ②한 개인 및 집단에 속하는(사유의), ③공적(public)인 것이 아닌(민간의), ④공식적 입장이나 업무가 아닌(사사로운), ⑤공중 및 타인에게 알려져 있지 않은(내밀한).... 이란 사전적 의미들이 포함되어 있다.

그럼 사와 익을 합한 "사익" 혹은 사(私)의 이익이란 어떤 의미인가? 여기서 문제는 "익" 보다 "사"의 개념 범주이다. 이를 어떻게 정의하고 이해하는가가 곧 사익의 범주, 제한 논리에도 그대로 영향을 준다. 사실 이 "사익"의 개념 정의에 큰 언어적 오류가 있었기 때문에 사익과 공익의 관계도 잘못 이해하게 된 것이다.

포퍼(Karl Popper)는 『열린사회와 그 적들』에서 '개인주의

(individualism)'라는 용어 의미를 두 가지 차원으로 정확히 구분해서 설명해 준다. 이것은 여기서 밝히고자 하는 사익의 의미에 대해서도 매우 유용한 개념화이다. 포퍼에 의하면 옥스퍼드 사전상의 개인주의란 ①집단주의에 반대된다는 의미와 ②이타주의에 반대된다는 의미라는 상이한 차원을 가진다. 이에 착안한 칼 포퍼는 두 가지 의미를 구분하고 각각에 대해 새로운 호칭을 제안한다.

①집단주의(collectivism)에 대한 반대라는 의미로는 우리가 통상적으로 불러 온 것처럼 개인주의(individualism)라고 부를 수 있다. 이 차원에서 사익을 본다면 우리가 지금 규명하고자 하는 사익은 "집단의 이익이 아니라 그 집단의 구성요소인 개인(개체)의 이익"으로 간주된다.

②이타주의(altruism)에 대한 반대 의미가 있다. 이타적이지 않은 것이라는 이런 의미에서는 이기주의(egoism)라고 부를 수 있다. 이 차원에서만 사익을 본다면 사익이란 곧 "남의 희생에 개의치 않고 나 혼자만 누리려는 이익"으로 해석된다.

포퍼에 의하면 개인주의를 비난하는 이론들은 개인주의를 ②의 차원으로만 간주한 후 이타적인 것을 전혀 고려하지 않는 나쁜 것으로 공격한다는 것이다.

이제 포퍼의 분류가 주는 암시를 반영하면 인간의 이익을 다음 도표로 정리할 수 있다. 첫째, 개인이 획득하고자 하는 이익은 일단 이기적(selfish) 이익과 이타적(vicarious) 이익으로 구분할 수 있다. 둘째, 또 다른 차원이 있다. 개인의 선택의 결과가 본인

	개인 이익(사익)	사회 이익(공익)
이기적 이익	a	b
이타적 이익	c	d

에게만 미치는 개인 이익(사익)과, 그것이 개인의 영역을 벗어난 타인들에게도 영향을 주는 집단 이익(공적 이익, 사회 이익, 공익)으로 구분할 수 있다. 이 두 가지 차원을 함께 적용하면 인간의 경제 활동에 관련된 이익이란 다음과 같이 4가지 유형으로 분류될 수 있다. 따라서 사익에도 이기적인 것(a)과 이타적인 것(c)이 있으며, 공익(사회이익)에도 이기적인 것(b)과 이타적인 것(d)이 있을 수 있다. b는 흔히 '집단 이기주의'에서 잘 나타나는 이익이며, c는 개인이 자선행위를 하는 것에서 잘 나타난다. 이 분류를 중심으로 논의를 하자. 결국, 이 표가 함의하는 바는 지금까지는 개인이익(사익)은 이기적인 형태로만 존재하는 것으로 오해하여 곧으레 a로만, 그리고 사회이익(공익)은 곧 이타적 이익 형태로 존재하는 것으로 오해하여 d로만 이해해 왔다는 것이다. 이러한 잘못된 언어 이해 때문에 개인의 이익 곧 사익이란 당연히 이기적이며 이웃에게는 냉혹한 나쁜(bad) 것이라고 인식되어 왔다. 만약 위의 표와 같이 구분한다면 이러한 오해가 불식될 것이다. 이익 개념을 두 가지라 아니라 네 가지로 분류하는 진보가 나타나는데 2,500년이 걸린 셈이다.

왜 사익은 박해받는가?: 사익 증오의 원조는 플라톤

사익을 나쁘고 추한 것으로 보는 그릇된 인식은 사실 플라톤에서 이미 비롯된 것이다. 플라톤의 사상은 전체주의, 집단주의의 근본 뿌리이며 포퍼가 말한 소위 "열린사회"를 가로막는 인류의 지적 퇴보의 출발점이다. 플라톤은 충격적일 정도로 개인을 증오한다.

> "부분은 전체를 위해 창조되었으나 전체는 부분을 위해 존재하는 것이 아니다. 너는 모든 이를 위해 창조되었지만, 모든 이들은 널 위해 창조된 것이 아니다." "전체를 위해 자기 이익을 회생 못하는 개인은 이기주의자이다."(플라톤의 『법률』)

플라톤의 이런 주장은 이타주의(altruism)를 칭송하며 이기주의를 몰아내자는 도덕적 호소력을 지닌다. 그는 사익이란 도덕적으로 열등한 것이며, 이 때문에 공공 이익이 더 우월한 것이라고 본다. 우리가 사익이 비도덕적이라고 비난하는 이유로 그것이 남의 이익을 고려 않기 때문이라고 쉽게 생각하는 것도 이러한 미신 때문이다.

과연 그런가? 플라톤 및 그 추종자들은 집단주의의 반대는 이기주의이며, 집단의 이익(공공의 이익)은 이타적(반이기적) 이익이라고 본 것이다. 그러나 집단의 이익은 다 이타적인가? 예컨대, 소나 물고기 떼는 이타적인 존재인가? 위 표에서 나타나듯이 집단 이익은 곧 반(反)이기적 이익인 것만도 아니다. 이기적 집단이 이(b)도 존재하며, 또한 개인주의자가 타인을 위해(이타주의) 자신의 이익을 희생하는 c의 유형도 있기 때문이다. 플라톤은 사익에는 오직 a 형태만이 존재하며, 공익에는 오직 d 형태만이 존재하는 것으로 왜곡한 것이다.

이기주의를 개인주의와 동일시하는 플라톤의 이 입장이 사익을 공격하고 공익을 옹호함에 결정적 무기가 되었다. 첫째, 사익의 공격에서는 "개인은 자신밖에 모르는 자들이고 그들의 이익은 반(反)이타적인 것에 불과"하다고 보며 사익에 대한 대중의 증오심을 촉발하였다. 둘째, 공익의 옹호에서는 "공익은 이타적인 것이고 선한 것"이라고 함으로써 그 도덕성을 과장한 것이다. 이리하여 개인의 이익(사익)은 악이고, 이에 비해 집단의 이익(공익)은 선하다는 논리를 확립한 것이다. 이 황당한 논법은 우리에게도 암묵적으로 오래 학습되어져 왔기 때문에 오늘날 대중 및 지식인들의 논증에서도 이 생각은 거의 의심 없이 자리 잡고 있다. 이 때문에 우리는 기업인이 자신의 이익(사익)을 추구한다는 사실에서 즉각 a를 연상하고, 국회의원이 만들어 내는 공공정책이나 법률에 대해서는 전혀 이기적인 것과는 거리가 먼 d를 연상하는 미신에 사로잡혀 있는 것이다. 사익을 증오하는 그러한 미신의 원조에 바로 플라톤이 있는 것이다. 사익은 이기적인 것이며 공익은 이타적인 것이라는 그릇된 이분법을 떠나 다음으로는 사익에도 이타적인 것이 있다는 것(c 유형)과 공익에도 실은 이기적인 것(b)이 있다는 점을 자세히 살펴볼 것이다.

사익은 이타적 속성도 있다

서구 문화의 도덕적 전통은 플라톤의 예측과는 다르다.

플라톤에 의하면 인류 역사는 황금시대-은 시대-동 시대-철 시대로, 발전이 아니라 퇴보해 왔다고 한다. 그래서 플라톤이 바라는 것은 미래로 나아가는 것이 아니라 과거, 곧 황금시대로 되돌아가는 것이다. 이러한 황금시대는 부족국가이며 강력한 집단주의 국가이다. 그가 이상으로 생각하는 상태는 철저히 오늘날 관점에서는 도저히 용납할 수 없는 다음과 같은 극단적인 부족국가적 공동체 중심 사회이다.

"아내와 아이들과 모든 가축은 공동 소유이다. 그러면 사적이고 개인적인 것들까지 모두 모든 사람의 공동 소유가 된다. 우리의 눈과 귀, 손마저 개인의 것이 아니라 공동체에 속하는 것처럼 보고, 듣고, 행동하는 듯하다.…” (플라톤의 『법률』)

그런데 이 상태로 돌아가지 못하게 만드는 최대의 적이 바로 개인주의라고 본 것이다. 플라톤은 개인주의를 곧 이기주의로 보아 버렸던 것이다. 플라톤은 이 이상적 ‘황금시대’적 부족국가를 붕괴시키는 가장 강력한 정신 혁명의 불씨가 바로 개인주의라고 믿었다. 그런데 이러한 미신은 플라톤에 국한되지 않고 오늘날 국가주의, 전체주의, 사회주의, 공산주의는 물론이고 국가를 통해 개인의 자유와 재산을 조정하겠다고 나선 현대 복지주의, 국가중심주의들에게도 고스란히 이어져 오고 있다.

그러나 사실 서구문명을 발전시켜 온 원동력은 플라톤적인 집단주의가 아니라 “이타주의와 결합된 이기주의”였다. 기독교는 “너의 이웃(플라톤적 관념인 ‘종족’이 아니다)을 네 몸과 같이 사랑하라.”고 가르친다. 그것은 칸트의 실천 윤리(인간 개인이 목적임을 인식하고 그들을 너의 목적을 위한 단순한 수단으로 삼지 마라)에도 연결되어 있다. 이러한 이타주의와 연결되어 있는 이기주의적 이익 관념이 서구 역사 발전의 동인이었던 것이지 부족국가를 염두에 둔 집단주의 이익 관념이 결코 아닌 것이다. 시장 경제의 본질에는 바로 기업(생산자)이 자기 중심이 아니라 타인(소비자)이 원하는 바에 맞추려는 거대한 이타성이 있는 것이다. 그것이 상호 번영의 초석이 되어 왔다.

이기적 사익이 이타성을 진화해 낸다.

사익이 이기적인 것만 있는 것도 아니며 오히려 이기적 사익이 이타적인 공익 상태를 진화해 낸다. 애덤 스미스가 말했듯이 개인이 자신의 이기심에 의해 행동하는 것이 궁극적으로는 사회 전체에도 유익한 결과를 초래하는 것이다. 그리고 이러한 결과는 개인들을 초월한 제 3의 조정자인 국가 없이도 이루어진다. 그렇다면 국가의 본연의 임무란 개인의 이기적 사익 추구가 법과 질서 속에서 자유롭게 이루어지도록 그 여건을 만들어 주고 거기에서 나타난 결과가 침해되지 않도록 보호하는 것에 국한되어야 한다.

이기적 개인이 이타적 행동을 한다는 말이 생소하게 들리는가? 축구 경기를 보면, 자기 팀 동료선수가 경기장에 부상을 당해 쓰러져 있음에도 불구하고 심판이 이를 보지 못하여 경기가 계속 중인 경우가 있다. 이 때 얼른 치료가 필요하다고 여긴 동료는 몰던 공을 일부러 아웃시켜서 심판으로 하여금 경기를 중단하게 한다. 치료 후 경기가 속개될 때 그 공을 갖게 된 상대 팀은 이 공이 비록 자신의 팀에게 주어졌지만 사실 그 공격 기회는 상대 팀이 이런 이유로 넘겨준 것임을 잘 알기 때문에 자신에게 주어진 그 공을 다시 일부러 아웃시켜서 그 공격권을 포기한다. 사실 인간은 처음에는 그런 기회를 이기적으로 이용하기도 해 왔다. 그러나 수없이 많은 경기를 통해 상호협력이 곧 장기적으로는 상대와 우리 양측에 다 유리한 결과를 가져오는 행동임을 학습했다. 그래서 서로 상대를 배려하는 이타적 행동, 곧 신사적 플레이가 축구계에서 저절로 형성되어진 것이다. 그렇게 하라는 축구 규칙이나, 국가의 간섭 없이도 말이다. 남을 착취하기보다는 존중하는 이타적 행위가 결국 나의 이기적 이익에도 더 유리하기 때문이다. 이 때문에 이기적 인간들 사이에 협력, 곧 이타적 행동이 유발되는 것이다.

게임 이론(game theory)은 이기적 경기자 간에 타인을 배려하는 협력(cooperation)이 진화됨을 증명해 주고 있다. 이른바 죄수의 딜레마 게임에서 팃포탯(Tit-For-Tat, 처음에 상대에게 선량하게 행동하고 그 다음엔 상대의 반응대로 고스란히 대응해 주는 행동방식)이 가장 좋은 성과를 가져온다고 알려져 있다. 양 당사자가 다 이 팃포탯을 사용한다면 그것은 곧 항구적인 상호협력을 만들어 낸다. 쉽게 말하면 이기적 인간들이 홉스적인 이기적 이전투구로 끝나지 않고 상호간에 협력하는 행동을 학습하게 된다는 것이다. 이기심으로 충만한 개인이 또 다른 이기적 인간과 게임을 벌이는 상황이 반드시 정부라는 기제의 관여 없이도 스스로 이기심을 자제하고 상호 협력적, 이타적 행위를 하는 행동전략을 찾아낸다는 것이다. 이것은 무수한 많은 예로 증명된다. 결국, 사익은 이기적인 것만 있는 것도 아니며 이기적 사익마저 서로를 존중하는 자신 및 타인을 위한 이타적 행위로까지 진화할 수 있는 것이다.

'공익'도 이기적 이익에 불과할 수 있다

공공이익, 집단이익의 도덕성을 암묵적으로 주장하는 사람들의 의식 속에는 베버(Max Weber)형 인간이 자리잡고 있다. 이리하여 대통령, 국회, 사법부, 관료와 같은 베버형 인간을 냉정, 공익중심, 공평무사에 투철한 공직자로 보게 된다. 그러나 이들의 허구를 벗기고 그들 역시 사익을 추구하는 자들임을 밝힌 것은 공공선택론자인 뷰캐넌(James Buchanan)과 털럭(Gordon Tullock)의 공로이다.

뷰캐넌은 동일한 어떤 개인이 시장과 같은 사적 영역과 정치 및 행정과 같은 공적 영역에서 다른 동기로 행동한다고 함은 논리적으로 합당하지 않다고 본다. 인간은 슈퍼마켓에서 물건을 구입할 때 자신에게 가장 큰 이익을 주는 상품을 고르는 이기적 행동자이다. 바로 그 인물이 이제 물건 구입 후 길을 건너 투표장에 들어가 표를 던질 때에는 자신에게 이익을 주는 후보를 포기하고

'국가 전체'에게 가장 큰 이익을 주는 후보를 선택한다고 가정함은 극히 부적합하다. 만약 양 영역에 적용될 인간형이 상이하다면 이 상이함을 주장하는 측에서 이를 입증해야 할 것이다. 즉 정치적 영역에서도 인간이 사익을 위해 행동한다는 것을 공공선택이론가들이 해명하기보다는, 정치적 영역에서는 경제적 영역에서와는 달리 인간은 사익이 아니라 공익 지향적으로 행동함을 적극적으로 규명할 책임은 바로 공공선택이론의 가정을 비난하는 측이 담당해야 한다는 것이다. 한편, 털럭은 이 문제를 보다 더 적극적으로 규명하고 나섰다. 효용극대화를 추구하는 인간에게는 좁은 의미의 경제적 이익이 가장 중요한 요소이다. 보통의 인간은 5%정도를 제외하고는 자신의 유익을 더 추구하는 이기적 존재이기 때문이다.

공익이라 표방된 것도 실상은 이기적 이익(b)이거나 (이익집단의 이익, 관료집단의 이익, 정치인 집단의 이익), 심지어 아예 사적 이익(a)에 불과한 것들일 뿐이다. 대통령, 국회의원, 고위 관료, 법관이 사익이 아니라 공익을 위해 행동한다고 믿는 사람이 아직도 있는가? 대통령은 여당 및 자신에 대한 지지 유지라는 이기적 이익, 국회의원은 재선이라는 이기적 이익, 관료는 예산·무사안일·안정·재량 등의 이기적 이익, 사법부 역시 승진·명성이라는 이기적 이익을 가장 중시할 뿐이다. 공익이란 으레 d만을 포함한다고 본 플라톤이나 베버의 시각은 이래서 근본적으로 잘못된 것이다.

사익을 떠나 공익이 따로 존재하는가?

사익을 불신하는 사람들은 자연스럽게 이 사익보다 더 정의롭고 우아한 도덕성을 갖춘 다른 이익인 공익을 상정한다. 사익을 초월한 공익이란 실체가 과연 존재하는가? 공익은 사익과 별도로 존재한다는 입장을 "공익실체설"이라 하며, 이를 부인하고 공익이란 초월적 실체는 없으며 '사익으로부터(사익들의 조정 과정을 통해서)' 공익이 형성된다는 입장을 "공익과정설"이라고 한다. 먼저 실체설을 이해한 후, 공익과정설을 사익을 공익으로 전환하는 절차에서 파악함이 논리적으로 자연스럽다.

공익이란 실체가 존재하는가?

공익실체설은 공동체(집단, 공공)라는 실체가 존재한다는 점(공동체 실체설)을 먼저 규명한 후, 이 공동체의 의지 혹은 공공 의지(public weal, public will)가 바로 공익이라고 주장한다.

요즘은 여기에서 한 걸음 더 나아가 플라톤이나 헤겔적 관념인 국가의지, 국가이성이란 개념이 주는 어두운 이미지를 회피하기 위해 이것들을 '공공의지, 공동체 의지'란 말로 대체하는 이론들이 나타났는데 이를 특히 공동체 실체설이라 한다. 과거 전체주의(히틀러, 무솔리니, 소련)의 붕괴로 이 공동체 실체설은 힘이 빠졌다가 최근 두 가지 방향에서 다시 부활한다. 첫째, 좌파 진보주의자들에서 나타난 것은 정부 정책의 형평성, 시민참여를 강조하는 신행정론(NPA)이 대표적인데 프레데릭슨, 마리니 등이 그 주장자이다. 둘째, 우파 진영에서도 공동체 실체설이 있다. 즉 신공공관리(NPM)주의에서 정부확대 대신 자원봉사, 지역사회의 경찰화를 통해 정부인력 및 예산삭감을 달성하려고 하는 주장이 이에 해당된다.

과거의 '공동체주의'는 공동체를 개인을 초월한 형이상학적 인격체로 보고 그것이 가진 이성(국가이성), 의지(국가의지)를 강조하였다. 그러나 현대의 공동체주의는 공동체를 '자유로운 개인의 집합체'로 이해하면서 이 집단의 진보를 실현하려는 운동을 강조한다. 이들은 '공동체'란 개개의 구성원뿐 아니라 이 구성원간의 관계성을 규정하는 규칙(규범, 관습)에 의해 결정된다고 본다. 이리하여 이들은 다음과 같은 요지의 논리를 도출한다. ①공동체는 구성요소인 개인의 총합 이상이다. 즉 공동체 = Σ개인(i) + α(개인간 관계 규칙) ② 이 공동체는 개인의 의사와는 다른 의지(공공의

사, 공공의지)를 가질 수 있다. ③위 ①에서의 규칙(α)는 가시적이고 몰가치적(가치중립적)인 것이므로 과거 전체주의에서와 같은 형이상학적 초월적인 국가 이성, 국가 의지와 같은 것이 아니다. 요즘의 공동체 실체설은 개인을 억압하는 것으로 연관해 볼 필요가 없다. ④개인의 사익의 총합이 곧 공익이 될 수는 없다.

비판

사익을 떠나 공익이 존재한다는 것은 다음과 같은 문제점이 있다. 첫째, 공공 의지(public will)의 모호함이다. 국민의 뜻, 다수의 뜻, 공공의지란 결국 과반수(majority)로 확정적인 것이 되지만 이 과반수가 여러 모습으로 형성될 수 있고 이것은 상황에 따라 달라진다. 공공 의지란 결국 하나로 고정되는 것도 아니며 언제나 옳은 것도 아니며, 때로는 이기적 혹은 이타적인 것이 될 수도 있다고 본다. 그러나 이런 식으로 공공의지라는 게 가변적이라면 그것은 공동체의 독자적인 인격 실체를 스스로 부정하는 것에 불과하다.

둘째, "공동체의 사익"에 불과한 것을 공익이라 포장한 경우도 많다. 본래 공익(public interest)이란 규범적으로는 "국민 전체"의 이익이어야 한다. 따라서 전체 국민 중 일부에게는 이익이지만 다른 일부에게 손실을 주는 것은 공익이라고 받아들일 수 없다. 그런데 현실적으로 대개의 정책이란 과반수를 형성하는 집단의 이익을 공익으로 입법화하는 것이 보통이다. 이것은 공익의 본래 의미에 부합되지 않으며 그것은 과반수의 사익, 집단의 사익일 뿐이다. 그러고도 이를 공익의 이름으로 포장한 것이다. 따라서 관료의 이익, 정치인의 이익, 여(야)당의 이익, 세월호 피해자의 이익, 특수 이해집단의 이익은 공익이 아니라 "사익"일 뿐이다. 그 주체가 한 개인이 아니라 복수의 사람일 뿐 그것은 본질적으로 사익에 불과하며 "공익"이 아니라 "집단적 사익"일 뿐이다.

셋째, 사익을 초월한 공익이 따로 존재하는 예의 대표적인 것이 헌법상의 기본권이다. 기본권은 분명 공익이며 나아가 이를 보장하기 위한 헌법적, 법률적 원칙과 절차 자체도 일단 사익과는 다른 것으로 인정할 수 있다. 그것은 종국적으로 "구성원 모두"에게 이익을 주기 때문이다. 그런데 이러한 이 기본권이란 '공익'도 구체적으로 실현되려면 하위법령 및 관료의 집행 과정을 통해야만 가능한데 그 과정에는 후술하는 여러 사익들의 조정, 타협이란 과정이 필수적이다. 그리고 그 과정이 어떠한가에 따라 실현된 공익인 기본권의 보장 정도, 보장 방식이 좌우된다. 그러므로 공익의 실체가 가장 현저해 보이는 이런 기본권 예에서조차도 공동체의 의지라는 것만으로 저절로 공익이 되는 것이 아니라 그 정책 실현 과정에서 여러 사익의 조정, 합산, 비교, 타협에 좌우되어 형성된다. 결국 공익이 사익을 초월해 존재하는 것이 아니다.

넷째, 사익을 떠나 공익이 존재한다고 본 공익우선론자 중 일부는 그들이 내세운 대표적 공익인 기본권조차도 실제로는 과반수 입법 집단의 사익 추구 등으로 얼마든지 가변적이고 훼손된다는 사실을 직면하자 이를 해결하기 위해 기본권과 같은 가치는 자연법에서 나온 것으로 인식하여 다수이건 소수이건 결코 이를 위배해서는 안 된다고 믿는다. 이를 “자연법적 공익론”이라고 한다. 그리하여 공익은 공동체 의지나 그 구현과정의 사적 이익 개입 없이도 그 자체로 자연법적으로 존재한다고 본다. 기본권 자체가 불변의 공익이란 점을 강조하려는 사고이다. 즉 공익을 국회, 정당, 이익집단, 여론 등의 ‘정치와 무관한(apolitical)’ 것으로 이해하려는 것이다. 그러나 이 자연법에 의해 존재하는 공익과 공동체의 의지로 실제로 선택된 결과가 일치할 것으로 믿는 사람은 많지 않으며, 비록 그것이 실정법 이전에 자연법적으로 주어졌다 할지라도 그것을 실천 가치로 선택하는 것은 공동체의 의지라고 보는 것이 실체설의 주류이다. 그렇다면 다시 처음 논의로 돌아간다. 공동체의 의지의 가변성을 감안하면 이 기본적 가치가 침해당할 가능성은 얼마든지 존재한다. 더욱이 그 실현 과정에는 여러 사익들의 개입이 필수적이다. 따라서 공익을 자연법적 가치로 보는 입장도 공동체의 이익이 사익을 떠나 존재한다는 것을 규명하지 못한다.

공익은 "사익으로부터" 만들어질 뿐이다

공익이 사익을 초월하여 존재한다는 실체설은 앞에서 본대로 많은 문제가 있다. 그리하여 실제로 정부의 공익이란 결국 "사익으로부터" 변환 및 조정되어 만들어지는 것에 불과하다는 것을 과정설이라고 부른다. 예컨대 개인의 이익을 합산한 것을 공익으로 보거나, 혹은 개인의 이익 중 공통적인 것을 공익으로 보거나, 혹은 개인의 이익 자체가 공익이라 보는 것이 이에 해당된다.

그렇다면 사익은 어떤 과정을 거쳐서 공익으로 변환되는가? 과정설의 대표학자인 슈버트(Glendon Schubert)는 공익이란 추상적인 것이며 그 구체적 내용은 이를 실현하는 민주적 정책과정에서 결정된다고 본다. 나아가 민주적 정책 결정과정에서 공익을 결정하는 방식은 다시 세 가지로 나눌 수 있다.

첫째, "국민의 의지"를 정확히 해석하는 방식이다(합리론). 정당, 의회, 대통령 위에 국민이 있다. 이 국민의 의지를 충실히 해석하고 이를 잘 반영하는 법률 및 정책을 결정하면 된다고 본다. 정책결정 기관들인 대통령, 국회, 법원, 정당 등이 "국민의 의지를 정책내용에 충실히 반영하여" 정책을 결정하고 (간접민주주의제), 이렇게 결정된 정책을 관료는 충실히 집행하면 공익은 실현된다고 본다(정치행정이원론). 그러나 국민의 의지란 모호하며 이를 잘 반영 혹은 위반했는지를 확인하기는 여전히 어렵기 때문에 이 이론은 실효성이 없다.

둘째, "자연법과 양심"에 따르자는 이상주의적 공익론이 있다. 이는 국민의 의지나 공공 의지란 추상적인 것에 불과하므로 정책결정자들은 그보다 더 상위에 있는 "자연법과 양심에 따라" 결정을 내려야 한다는 것이다. 국회의원은 선거구의 요구보다 국민의 소리를, 대통령은 인기보다 국가 이익에 부합되는 정책을, 관료는 선량한 봉사자로서의 양심에 따라 정책결정이나 집행을 수행해야 한다. 재량을 행사하는 공직자는 자신의 선입견을 버리고 보다 상위의 법인 양심에 의존해야 한다. 특히 행정 관료는 강력한 이익집단의 압력에 의해 무시되기 쉬운 소수 이익을 보호하고, 전문기술성을 통해 공익을 증진시키는 역할을 담당해야 한다고 보았다. 그러나 전술한 국민의 의지를 넘어 공직자들이 모호하기 이를 데 없는 자연법과 양심에 따를 것으로 기대함은 너무나 비현실적이다.

셋째, 슈버트는 위 두 방식을 반대하고 정책결정 현실을 감안하여 사익이 공익으로 만들어지는 현실적 공익론을 제시한다. 여기에도 다시 세 가지가 있는데 ①다원주의적 정책결정 구조를 확립하면 특정 사익에 매이지 않고 여러 사익들로부터 공익이 바람직하게 형성될 것으로 보는 낙관적 입장이 있다(다원주의적 이익집단론). 그러나 대개 정치행정구조란 충분히 다원적이지 못하다. ② 현실 정책결정에서 이익집단-국회-행정부가 서로 담합하여 이기적 이익을 챙기는 철의 삼각형(iron triangle)과 같은 비리를 극복하기 위해서 대통령이 공익 수호자로서 적극적인 역할을 하면 된다는 입장이 있다. 그러나 대통령이라고 자신의 이기적 이익으로부터 독립되어 있을까? ③ 행정 관료의 전문성, 중립성 및 적극적 역할을 통해 공익을 형성할 수 있다는 주장이다. 특히 적법절차(Administrative Due Process)와 대표관료제(Representative Bureaucracy)의 확립을 강조한다. 그러나 관료들이 이기주의를 포기하고 윤리적으로 행동한다는 것을 어떻게 기대할 수 있는가! 현실론적 공익형성론은 이런 식으로 공익이란 사익으로부터 불완전하게 만들어진다는 정책 현실을 가장 정확히 보여 준다.

결어: 사익이 곧 공익이다

사익 침해는 정부가 내세우는 '공익'에 의해 가장 빈번하게 일어난다. 따라서 사익의 논의는 자연히 사익-공익과의 관계에 초점을 둘 수밖에 없다. 공익 개념의 허구를 정확히 논증하는 것은 인간의 이익 중 개인이 자유로이 선택할 수 있는 사익의 범주를 정하는 것과 같다.

사익(개인의 이익)은 나쁜 것이고 공익(집단 혹은 공동체의 이익)은 선한 것이라는 생각은 플라톤을 비롯하여 집단주의적 사고에 의해 우리의 깊은 언어 구조에 각인된 미신에 기인한다. 따라서 이익을 종래처럼 사익-공익으로 이원적으로만 볼 것이 아니라 사익-공익, 이기적 이익-이타적 이익으로 두 개의 축을 통해 네 가지로 구분하면 이러한 오해는 명확히 해소될 수 있다. 이기적-개인적, 이타적-개인적, 이기적-집단적, 이타적-집단적 이익의 네 가지 유형이 도출된다. 지금까지는 위 유형 중 이기적-개인적

이익, 이타적-집단적 이익만 보았기 때문에 으레 사적 이익은 이기적인 것이며, 집단적 이익은 이타적인 것이라고 오해한 것이다. 사익은 이타적이기도 하며, 동시에 공익 역시 이기적일 수도 있음을 논증함은 사익 관념에 대한 증오의 부당성을 일깨워준다.

이것은 사익에 도덕성에 대한 새로운 가치를 더해 준다. 동시에 지금까지 이 사익의 억제 논리로 정부가 동원해 온 '공익'의 신비로운 허구를 철저하게 벗겨준다. 이제는 공익을 내세워 사익을 침해할 경우에는 과거처럼 "다수에 관련된 이익은 개인의 이익보다 당연히 우월하다."는 모호한 논리만으로는 어림도 없다. 어떤 사익을 불가피하게 제한하려면, 본질상 또 다른 사익에 불과할 가능성이 아주 높은 소위 '공익'이 왜 그 사익을 변경, 제한, 침해해야 하는가에 대한 더 설득력 있고 정당한 논거를 제시해야 함을 시사한다.

흔히 정부가 공익이라고 표방하는 많은 가치는 실상 사익을 떠나서 존재할 수 없으며, 오히려 정부를 구성하는 집단의 사익에 불과하다. 설령 공익이 기본권 가치처럼 개인의 사익을 떠나 존재하는 실체가 있는 것처럼 보일 경우에도 그것이 구체화되는 정책 과정에서는 불가피하게 사익들의 타협 및 조정으로 형성된다. 따라서 사익이야말로 모든 개인 행동의 근본 동기이며 정부가 내세우는 공익이란 것도 여기에서 연원할 뿐이다. 공익을 내세우려면 사익부터 먼저 존중해야 한다. 사익 떠나서 공익은 없다.

참고문헌

김준현(2000), 글로벌라이제이션 시대의 사익과 공익: 애덤 스미스의 재조명, 『담론』. 3(2): 51-80.

김항규(2006), 행정철학과 행정법학과의 대화: 헌법상의 공익 논의를 중심으로. 『한국공공관리학보』. 20(1): 136-151.

김행범(2000). 집합적 행정 문제에서의 Tit-For-Tat 전략과 그 안정성에 관한 연구. 『한국사회와 행정연구』. 11(1): 311-340.

신중섭(2014). '사익 추구'에 대한 철학적 분석, 자유경제원 발표 자료(2014. 8)

위평량(2008). 공익과 사익, 그리고 기업의 사회적 책임과의 관계 고찰. NGO 연구. 6(1): 71-103

이달곤·김판석·김행범(2012), 『테마행정학』. 법우사

정이근(2011). 공익과 사익의 이익형량과 선택, 법학연구(부산대), 52(3): 83-102

정정길(2002), 『행정학의 새로운 이해』. 대명출판사.

Benditt, Theodore M.(1973). The Public Interest. Philosophy & Public Affairs. 2(3): 291-311.

Buchanan, James M. & Tullock, Gordon(1962). Calculus of Consent. University of Michigan Press.

Held, Virginia(1970), The Public Interest and Individual Interests. New York: Basic Books). 강형기, 이상룡 역 『공익과 사익』 (1986. 박영사)

Humphreys, Sarah C.(1978), Public and Private Interests in Classical Athens. The Classical Journal. 73(2): 97-104.

Lane, Jan-Erik(2000), The Public Sector: Concepts, Models and Approaches, 3rd ed. SAGE.

Lewis, Carol W.(2006). In Pursuit of Public Interest. Public Administration Review. 66(5): 694-701.

Oppenheim, Felix E.(1975). Public and Private Interests in Classical Athens. Political Theory. 3(3): 259-276.

Plato, Republic (1955), trans. by H. D. P. Lee (Baltimore: Penguin).

Popper, Karl(1944), 『열린사회와 그 적들』(이한구 역, 2006: 민음사).

Schubert, Glendon A.(1961), Public Interest: A Critique of Concept. The Free Press.

Weinrib, Lavra M(2009). From Public Interest to Private Rights: Free Speech, Liberal Individualism, and the Making of Modern Tort Law. Law and Social Inquiry. 34(1): 187-223

사익 추구와 공익 실현

황수연
경성대 행정학과 교수

사익과 공익의 관계

이익에는 사익, 자기 이익과 공익, 일반 이익의 구분이 있다. 사익, 자기 이익이 무엇을 의미하는지에 관해서는 별다른 이의가 없으나 무엇이 공익인지, 일반 이익인지 규정하기는 힘들다. 사익 외에 공익을 이야기하는 것은 특정 사람들의 사익 추구 행위가 남에게 피해를 끼치는 경우 두 개념을 구별하기 위해서일 것이다. 사익을 추구하는 것이 남에게 피해를 끼치지 않는다면 굳이 공익을 이야기할 필요가 없기 때문이다. 경우에 따라서는 자기들이 추구하는 행동을 포장하기 위해 공익을 거론하기도 한다. 자기들이 추구하는 행동이 사익을 추구한다고 하면 다른 사람들이 수용할 가능성이 없으므로 그들은 사익이 아니라 공익을 위해서 그런 행동을 취한다고 역설한다.

사람들이 사익을 추구한다고 주장하건 공익을 추구한다고 주장하건 모든 인간은 사익을 추구한다. 그것이 본성이다. 그리고 사익 추구가 나쁜 것도 아니다. 나쁜 것은 그러한 사익 추구가 남에게 피해를 초래하게 만드는 제도이다. 제도가 잘 갖추어져 있으면 개인의 사익 추구가 공익 실현에 이바지할 것이고 제도가 잘 갖추어져 있지 않으면 똑같은 개인의 사익 추구가 공익을 저해할 것이다. 결과에 차이를 가져오는 것은 의사 결정에서의 제약이고 제도이지 사람들이 사익을 추구하느냐 공익을 추구하느냐가 아니다. 사람들은 항상 사익을 추구하기 때문이다.

사람들은 시장 거래에서 사익을 추구하지만 정치, 정부 부문에서도 사익을 추구한다. 시장의 참여자들, 곧 소비자, 생산자, 근로자, 자본가 등이 사익을 추구한다는 것을 사람들은 기꺼이 인정하고 이의를 제기하지 않는다. 시장 경제 이론은 이것에 토대를 두고서 사람들의 시장 행동을 잘 설명하고 예측한다. 그래서 시장 참여자들이 사익을 추구한다는 점은 굳이 옹호할 필요가 없다. 그렇지만 정치, 정부 부문의 종사자들이 사익을 추구하는지에 관해서는 다소 논의할 필요가 있겠다.

유권자, 정치가, 관료, 이익 집단이 자신의 사익을 버리고 국민들의 이익을 증진하기 위해 노력하는가? 공익을 추구하는가? 전통적으로 정치학, 행정학, 경제학 등 사회과학에서는 정치와 정부 부문 종사자들이 공익을 추구한다고 생각했다. 적어도 그렇게 가정하고 해당 학문을 전개했다. 그러나 그렇게 하다 보니 설명이 잘 안 되거나 맞지 않는 부분이 많이 나왔다. 공공 부문에 종사하는 사람들의 인간 행동에 대한 가정이 옳지 않았기 때문에 그런 현상이 나타났던 것이다.

이 문제는 인간 행태 가정을 바꿈으로써 해결되었다. 공공선택론은 유권자, 정치가와 관료, 이익 집단이 공익이 아니라 사익에 따라 움직인다고 본다. 사익, 자기 이익을 강조한다. 공공선택 운동을 주도한 두 학자 제임스 뷰캐넌(James M. Buchanan)과 고든 털럭(Gordon Tullock) 중 특히 고든 털럭이 사익을 강조한다. 이렇게 공공선택론은 시장에서건 정치에서건 모든 사람들이 사익을 추구한다고 가정하고 분석한다. 정부 종사자들은 자비로운 독재자가 아니라는 것이다. 이렇게 정부 종사자들이 사익을 추구하지만, 결과적으로 공익에 이바지하느냐 여부는 정부 종사자들이 처해 있는 여건, 환경에 달려 있다.

시장의 기업가는 똑같이 이윤 극대화라는 사익을 추구하지만 경쟁 시장에서는 낮은 가격에 높은 품질의 재화와 서비스를 제공하고 독점 시장에서는 가격을 높이고 공급량을 줄이며 품질을 떨어뜨린다고 이야기된다. 그 이유는 기업가의 본성이 경쟁 시장과 독점 시장에서 바뀌어서가 아니라 그가 처해 있는 여건이 다르기 때문이다. 똑같이 사익을 추구하지만 제도적 여건이 달라서 다른 결과가 나타난 것이다. 마찬가지로 정치, 정부 부문에서도 의원들이 과반수 규칙을 사용할 때는 다수파가 소수파에 피해를 입힐 수 있지만 만장일치 규칙을 사용할 때는 그렇게 할 수 없다. 똑같은 사익 추구라도 다른 결과가 나타나는 것은 제도적 차이 때문이다. 그렇다면 시장 거래에서건 정부에서건 남에게 피해를 끼치지 않는, 공익에 이바지하는 결과를 가져오기 위해서는 사람들이 사익을 추구한다는 것을 받아들이고 그 사익이 공익 실현에 이바지하도록 제도를 잘 설계하는 문제에 관심을 기울여야 할 것이다.

그런데 여기서 무엇이 공익인가에 대해서 어려움이 생긴다. 공익에 관해 후생 경제학자들을 비롯한 다양한 학자들이 다양하게 규정하지만, 문제가 많다. 사회의 이익이 극대화되는 것이 공익에 이바지하는 길이라고 해보자. 사회의 이익을 개인들의 이익들의 함수라고 할 때, 개인들의 이익을 단순히 합하면 사회의 이익이 되는가, 아니면 개인들의 이익들에 상이한 가중치를 부여해야 하는가, 가중치가 상이하다면 어떤 식으로 상이해야 하는가? 사회의 최소 수혜 계층을 제외한 나머지 사람들의 이익들에 대해 가중치를 영으로 두는 것도 괜찮은가? 혹은 사회의 이익은 개인들의 이익들의 합이 아니라 곱으로 이루어져 있는가? 이러한 모든 사회적 후생 함수 규정 방식의 문제점은 개인들의 이익을 측정할 수 있고 비교할 수 있다는 가정이다. 그러나 개인들의 이익은 측정할 수도 없고 비교할 수도 없다. 그러므로 이러한 사회 후생 함수 접근법은 이론적 유희로는 가치가 있을지언정, 현실에 적용하는 데는 무용지물이다.

이러한 복잡한 사회 후생 함수를 구성하는 대신에 사회 구성원들의 과반수가 찬성하는 것이 공익이라고 보면 어떤가? 그러나 개인의 자유와 인권의 보호에 존립 기반을 가지고 있는 자유민주주의 체제에서 반수에 이를 수 있는 소수파의 이익이 침해되는데 그것을 공익이라 할 수 있을까? 사회의 최소 수혜 계층의 이익을 최대한 보장하는 것을 공익이라고 규정하더라도 그러한 과정에서 다른 계층의 이익이 침해될 수 있는데 개인의 자유와 인권을 보호하는 자유민주주의 체제에서 그것을 공익이라 할 수 있을까? 그리고 어느 정도 어려운 사람이라야 최소 수혜 계층이고 누가 그러한 기준을 정할 수 있는가? 공익의 규정에는 이와 같은 온갖 문제가 일어난다. 이렇게 공익을 규정하는 것은 어렵고, 의견이 다르다.

그렇지만 관련 당사자들, 혹은 집단의 구성원들이 합의를 보는 것, 만장일치로 동의하는 것을 공익, 일반 이익이라고 부르는 것은 어떨까? 이것에 추가하여 공익 개념을 더 확장할 수도 있겠지만, 이것이 공익이라고 하는 데는 이의가 없을 것이다. 이것보다 더 확장하게 되면 거의 항상 이의에 봉착한다. 이렇게 볼 때, 사람들 사이에 최대한의 의견 일치를 볼 수 있는 공익, 일반 이익 개념은 공익, 일반 이익을 모든 구성원들이 만장일치로 동의하는 것이라고 규정하는 것일 것이다. 구성원 모두가 만장일치로 동의한다면 그러한 것이 공익이 아니라고 할 수 없을 것이다. 이러이러한 것이 공익이라고 적극적으로 규정하기는 어렵다. 그러나 만장일치 동의를 얻는 것이 공익이 아니라고 말하기는 어려운데, 본 필자도 이런 의미로 공익, 일반 이익을 말하려고 한다.

다음 과제는 어떻게 사익을 공익으로, 자기 이익을 일반 이익으로 바꿀 것인가 하는 것이다. 이러한 사익 추구가 어떤 제도 아래에서 공익을 실현하는 결과가 될까? 시장 거래와 정부 부문에서 사익 추구는 남에게 피해를 끼치는 정도가 다르다. 사익 추구가 공익 실현에 이바지하는 가장 확실한 길은 시장 거래다. 정부 부문에서는 개별 행위자들의 사익 추구가 공익 실현으로 잘 연결되지 않는다. 먼저 시장 거래부터 살펴보기로 하자.

시장 거래와 합의

시장 거래는 양 거래 당사자에게 이익이 된다. 그래서 양 당사자는 만장일치 합의를 본다. 사익이 공익으로 전환된다. 이토록 시장 거래는 좋은 일을 한다. 특히 오스트리아학파는 공익, 사회 후생을 증대시킬 수 있는 유일한 길이 시장 거래라고 본다. 양 당사자의 합의, 양 당사자의 만장일치가 공익이 됨은 의문의 여지가 없는데, 시장 거래 외의 어떤 제도적 장치도 서로 다른 사익들을 공익으로 시장 거래만큼 잘 전환시킬 수 없다. 특히 선호들의 차이가 클수록 시장 거래를 통해서 양 당사자가 얻는 이익이 더 크다. 선호들이 비슷하다면 시장 거래가 일어날 가능성이 별로 없고 시장 거래로부터 얻는 이익도 별로 크지 않을 것이다. 그러나 재화와 서비스에 대한 사람들의 선호가 아주 다를 때 시장 거래를 통해 얻는 이익은 아주 크다.

시장 거래는 될 수 있는 한 최대한으로 많이 이루어지는 것이 공익에 도움이 된다. 얼핏 보기에 시장 거래를 금지하는 것이 당사자들의 이익이 되는 것 같은 경우에도 면밀히 고찰하면 시장 거래를 허용하는 것이 당사자들에게 이익이 되고 나아가서 공익 달성에 이바지한다는 것을 알 수 있다. 재난 지역에서 가격 바가지 씌우기(price gouging)를 많은 나라들에서 법으로 금지하는데, 이를 허용하는 것이 물품을 파는 사람이나 사는 사람 모두에게 이익이다. 재난 지역에 합판이 부족하여 합판 가격이 엄청나게 치솟는다고 해 보자. 재난을 겪은 사람은 비싼 가격을 주고도 합판을 살 용의가 있다. 가격이 오르면 합판의 공급자는 불편과 위험을 무릅쓰고라도 먼 지역으로부터 합판을 공급할 용의가 있다. 시장 가격이 높아졌지만 자유롭게 시장 거래가 이루어지면 양 당사자의 이익이 모두 만족된다. 그러나 만약 정부가 가격 바가지 씌우기 금지법으로 지정된 가격 이상으로 합판을 거래하는 것을 막으면 구매자는 합판을 살 수 없고 판매자는 합판을 팔 수 없어서 판매자와 구매자 모두에게 손해가 된다. 마약 매매와 장기 매매도 마찬가지다. 시장 거래는 양 당사자 모두의 이익을 증가시킨다.

그러나 제3자의 이익이 희생되는 경우가 있다. 소위 외부성, 외부 효과가 그것이다. 이때 외부성이라는 것은 "시장 밖"에서의 의미로 해석된다. 시장 밖의 제3자가 시장 거래 당사자들의 시장 거래로 인해 이익이 침해된다면, 모든 구성원들의 이익, 곧 공익이 증진되었다고 할 수 없다. 침해된 제3자의 이익도 고려되어야 하기 때문이다. 그들의 이익을 어떻게 고려할 것인가? 흔히 정부 개입을 주장한다. 환경 규제, 지역제, 제품 안전 규제, 작업장 안전 규제 등 온갖 종류의 정부 개입이 외부성 문제의 해결을 위해 동원된다. 그러나 외부성을 정부 개입을 위한 근거로 사용할 때의 문제점은 외부성인 것 같이 보이는 상호 작용들 모두가 반드시 외부성이 아니라는 점과 정부 방식에 의해서는 외부성의 크기를 알 수 있는 길이 없다는 점이다.

부정적 외부성으로 말미암아 비용이 편익을 초과한다는 사실은 양 당사자에게 이익을 낳을 수 있는 거래의 여지를 제공한다. 외부성인 것 같은 것이 발생하면 이 문제를 해결하기 위한 시장 거래가 이루어지고 이러한 외부성을 해결함으로써 이윤을 볼 수 있는 시장 제도들이 생긴다. 원리상, 비효율이 존재한다는 것은 비용을 초과하는 편익을 발생시키는 재배분의 가능성이 있다는 것을 의미한다. 그 결과, 비효율은 그 문제를 해결할 방법을 고안해 내고 그 비효율을 해결하며 순편익을 취할 수 있는 사람들에게 이윤 기회를 제공한다. 다른 말로 하면 외부성은 기업가적 행동(entrepreneurial action)을 부른다.

예를 들어, 주거 지역 안에서 어떤 부동산 사용이 다른 사람들에게 이익이나 손해를 끼친다고 해보자. 건물의 외관에 대한 투자가 인근 건물의 소유자들에 대해 외부 비용을 야기할지 모른다. 이러한 관계에 대해 정부가 전형적으로 건축 기준이나 지역제의 형태로 대응하는 것이 흔하지만, 시장 대안도 있다는 점을 명심해야 한다. 큰 필지의 토지의 개발업자가 모든 그러한 상호 작용들을 내부화할 것이다. 그는 상호 유리한 토지 사용들을 모으고, 서로 피해를 끼치는 토지 사용들을 분리시키며, 어떠한 잔존 부정적 외부성도 적절히 완화하고, 어떠한 잠재적 긍정적 외부성도 효율적으로 이용할 유인을 가질 것이다.

기업가적 행동이 일어나지 않는 경우는 어떻게 해야 할까? 정부가 해결하는 것이 바람직하며 정부가 해결할 수 있을까? 외부성으로 인한 제3자들의 이익 침해를 고려하기 위해서는 그들의 이익 침해의 크기를 알고 그것이 거래를 통해 해결되어야 하는데, 문제는 이것이 시장 거래 밖에서 일어나는 현상이기 때문에 그들의 이익 침해의 크기를 알고 보상할 수 있는 시장 거래가 없다는 점이다. 외부성을 해결한다고 정부가 개입하는 경우에 정부 개입의 방식에는 시장 거래가 없기 때문에 정부 개입의 방식을 통해서는 외부성의 크기를 알 수 없고 외부성의 크기에 맞게 보상할 수가 없다.

따라서 주안점을 두어야 할 제도적, 정책적 방향은 정부가 제3자도 시장 거래를 할 수 있게 혹은 시장 거래에 들어오게 만드는 것이다. 다른 말로, 시장 거래가 가능하게 재산권을 확립하는 방안을 어떻게든 강구하는 것이 중요하다. 시장 거래가 가능하게 하기 위해서는 무엇보다도 재산권 확립이 중요한데, 이것은 정부의 역할이다. 재산권이 확립되면 외부성이 발생할 가능성도 줄어들고, 재산권이 확립되지 않아 외부성이 발생하는 경우에도 재산권의 확립을 통해 외부성을 해결할 수 있다.

외부성은 재산권이 제대로 설정되지 않아 발생한다. 또 외부성이 발생하는 경우에도 재산권을 부여하면 외부성 문제가 해결된다. 아프리카에서 한 국가에서는 코끼리를 국유로 하였더니 코끼리 수가 멸종에 가까울 정도로 줄어들었고 다른 국가에서는 사유로 하였더니 코끼리 수가 크게 증가하였다. 코끼리 수의 감소와 같은 외부성이 발생한 원인은 재산권이 설정되지 않았기 때문인데, 따라서 자원 보존과 같은 외부성 문제를 해결하는 길은 재산권의 확립이다.

외부성은 어느 쪽이 야기하는가? 알기 어렵다. 소음을 내는 과자 공장 옆에 치과 의사가 개업하였다. 치과 의사는 진료에 지장이 있다. 누가 누구에게 외부성을 야기했는가? 소음을 내는 과자 공장이 외부성을 야기했는가 아니면 늦게 들어온 치과 의사가 외부성을 야기했는가? 알기 어렵고, 따라서 어느 쪽에도 재산권을 부여할 근거가 있다. 하여간 재산권 설정으로 거래가 이루어지면, 소득 분배의 문제는 여전히 남아 있지만, 양 당사자 모두에게 이익이 되는 방안이 모색될 수 있고, 그래서 공익이 실현된다.

공장의 매연으로 인한 피해를 줄이기 위해서 보통 세 가지 방법을 쓴다. 배출 기준, 배출 요금, 오염권의 세 가지다. 정부가 가장 많이 쓰는 배출 기준은 비효율적이다. 배출 요금은 어느 정도 시장 거래를 허용하는 방식이다. 재산권을 설정하고 권리를 시장 거래할 수 있게 하는 오염권 방식이 현재로서는 최상이다. 물론 오염권 방식도 최초에 정부가 어느 정도의 전체 오염량을 결정할 것이냐 하는 어려운 문제가 있다. 그러나 적어도 재산권 설정의 효과는 누린다. 따라서 공해 방지 정책, 환경오염 방지 정책은 정부의 규제에 의해서가 아니라 재산권을 설정하고 시장 거래를 허용하는 것을 통해서 해결해야 한다. 자연 자원의 훼손을 막기 위해서도 같은 말을 할 수 있다. 재산권을 설정하고 시장 거래가 이루어질 수 있게 하는 것이 자연 자원을 보존하는 길이다.

요컨대, 외부성 문제를 해결하는 데 시장 거래를 이용할 수 있으면 이용해야 한다. 시장이 실패해서 외부성 문제가 발생하는 것이 아니라 재산권이 설정되어 있지 않기 때문에 외부성 문제가 발생한다. 따라서 해결책은 재산권을 설정하고 시장 거래를 할 수 있게 하는 방안을 강구하는 것이다. 그러면 시장에서의 사익 추구가 공익 실현으로 연결된다.

재산권을 설정할 수 없어서 외부성 문제를 시장 거래로 해결할 수 없으면 어떻게 할 것인가? 모든 것에 시장 거래가 가능한 것이 아니지 않은가? 도로와 항만과 같은 공공사업도 마찬가지로 개인이 하기에는 부담이 너무 커서 하지 않으면? 흔히 나오는 답이 정부더러 집합적 행동으로 처리하라는 것이다. 외부성과 공공재(외부성의 제거) 같은 문제를 집합적 행동에 의존해서 처리하면 모두의 사익, 곧 공익이 증대하는가?

규칙의 선택과 만장일치 합의

이제 외부성이나 공공재의 문제를 정치적으로, 집합적으로 해결하려고 할 때 나타나는 문제들을 고찰해 보자. 정치적으로 처리할 때 보통 사용되는 방식은 과반수결이라는 민주주의 방식인데, 이것은 공익과는 거리가 멀다.

국민들의 이익들은 다양하다. 민간 시장에 외부성이 발생할 때 이것을 과반수결이라는 의사 결정 규칙으로 처리할 때는 모두가 동의하는 대안, 공익에 일치하는 대안은 찾기 힘들다. 다수파는 찬성하지만 소수파는 반대할 것이기 때문이다. 무상 급식의 쟁점에 관해 사람들의 의견이 첨예하게 대립되는 것에서 그 예를 볼 수 있다. 이런 경우 투표자들의 사익 추구가 공익 달성으로 연결되지 않는다.

그러나 쟁점들 중에는 대부분의 사람들의 합의를 볼 수 있는 것들도 있다. 재산권을 보장하자든가 치안을 유지하자는 것과 같은 쟁점들에 대해서는 합의를 보기 쉽다. 곧 일반성, 공익성을 지니고 있는 문제들이다. 이런 것들만 골라서 민주주의로 처리한다면 쉽게 합의를 볼 수 있을 것이고 그 결과 투표자들의 사익 추구가 공익 실현으로 이어질 것이다.

그러나 주의할 점도 있다. 설사 정부의 결정들이 아주 일반성을 띠어 공익에 이바지하는 것 같아도 차별적 영향을 끼친다는 점을 언급할 필요가 있다. 그것들은 어떤 사람들에게 다른 사람들보다 더 큰 영향을 끼친다. 조세법을 변경하자는 제안은 어떤 국민들에게 다른 국민들보다 더 큰 영향을 끼친다. 조세 결정뿐만 아니라 거의 모든 지출 결정들도 어떤 국민들에게 다른 국민들보다 더 많은 영향을 끼친다.

공공사업 예산, 군사비 지출, 보건 프로그램은 만약 우리가 한꺼번에 전 프로그램을 생각한다면 일반 이익, 공익에 이바지하는 것처럼 보인다. 그렇지만 공공사업 예산에 관해 실제로 이루어지는 결정은 분리 고속도로를 어디로 확장할 것인지와 같은 세부적인 결정이다. 이것은 주택의 가치에 미치는 영향 때문에 차별적 영향을 가진다. 군사비 지출도 마찬가지로 육군이 어느 무기 체계를 구입할 것인지와 같은 식으로 결정이 세부적으로 이루어진다. 보건 프로그램에 대해서도 어디다가 새로운 병원을 지을 것인지와 같은 세부적인 결정들이 이루어져야 한다. 이런 세부적인 결정들은 공공성, 공익과는 거리가 멀다.

전통적으로 이러한 자원 배분에 대한 정책 평가의 기준으로 파레토 최적을 사용한다. 이것은 필자가 공익 실현의 기준으로 삼고 있는 만장일치 기준과 같다. 모두에게 이익이 되거나 적어도 손해 보는 사람이 없으면 파레토 최적 기준을 충족시킨다고 본다. 그런데 거의 어떤 정책이건 피해 보는 사람이 있다. 그런 경우에도 피해 보는 사람에게 보상을 하면 파레토 최적 기준이 충족될 수 있다. 그러나 보상이 현실적으로 불가능한 경우가 많다. 그래서 잠재적 파레토 기준을 제시한다. 여기서는 이익을 얻는 사람들이 손해를 보는 사람들에게 보상을 하고도 남는 이익이 있다면 잠재적 파레토 최적 기준이 충족되고 이때 굳이 보상할 필요가 없다고 한다. 그러나 보상을 하지 않을 때 파레토 최적 기준이 충족되었다고 말하는 것은 언어의 비약이다. 따라서 정책 평가의 기준으로 파레토 최적 기준, 만장일치 동의의 기준은 문제점을 안고 있는 것으로 보인다. 이 기준은 무용지물인가? 아니다. 이러한 문제점을 가지고 있는 파레토 기준을 고든 털럭은 시각의 전환을 통하여 해결했다. 그는 넓은 의미에서의 파레토 기준을 제시한다.

특정 지역에 집중적으로 편익이 돌아가면서, 비용은 모든 지역들에 분담시키는 일반세로 조달하는 사업을 생각해 보자. 만약 편익이 비용보다 크다면, 분배의 문제를 제외하면, 이것은 효율적이다. 그러나 합의를 볼 수 없다. 한 지역만 찬성하고 다른 지역들은 반대할 것이기 때문이다. 파레토 최적 기준에 위배된다. 그러나 시간적 연속선상에 유사한 사업들이 많이 존재하며, 그것들이 어떤 때는 이 지역에 어떤 때는 다른 지역에 유사한 편익-비용 관계를 보인다고 해 보자. 이 경우 지역들의 대표자들은 로

그롤링(logrolling) 곧 투표 거래를 하여 사업들을 통과시킬 것이다. 그러면 이것은 전체적으로 볼 때 파레토 최적 기준을 충족시킨다. 이때의 파레토 기준은 넓은 의미의 파레토 최적이다. 하나의 특정 사업이 아니라 같은 성격을 가진 전 계열의 사업들, 이러한 사업들을 낳는 "규칙"의 면에서 본 파레토 최적이다. 이러한 규칙에 대해서는 만장일치 합의를 얻을 가능성이 있다. 만약 그렇다면 공익이 실현된다. 공익은 의사 결정의 결과 면에서가 아니라, 의사 결정 규칙의 면에서 실현될 수 있다.

문제는 의사 결정 규칙이다. 민주주의가 과반수 규칙이라고 생각하는 한 의사 결정 규칙으로도 공익이 실현될 수 없다. 따라서 문제의 성격에 따라 다양한 의사 결정 규칙이 사용되어야 한다. 어떤 문제에 어떤 의사 결정 규칙(예를 들어, 과반수 규칙)을 사용할 것인가에 관해서 규칙을 정하는 사람들의 만장일치 합의를 얻을 수 있을까? 있다.

물론 이렇게 되기 위해서는 의사 결정자들은 미래에 특정 규칙들이 적용될 때의 사익을 현재에 규칙들을 제정할 때 알 수 없어야 한다. 투표자들이 미래의 자기의 경제 사회적 위치나 선호를 모를 때 그것이 가능하다. 그들은 얼마나 많은 사람들이 부자와 가난뱅이가 될 것인지, 진보적이고 보수적이 될 것인지 등에 관해서는 알고 있으나 자기 자신을 포함해서 누가 무엇이 될지에 대해서는 알지 못한다. 케인스 이론과 오스트리아학파 이론의 내용이 어떤 것인지 알지만, 내가 케인스주의자인지 오스트리아학파 학자인지는 모른다. 이런 상태에서는 비록 투표자들이 사익에 따라 규칙을 선택하겠지만 그 사익이 다른 사람들의 사익과 대립되지 않는다. 여기서는 만장일치에 도달하는 것이 가능해진다. 곧 규칙의 선택에 만장일치 합의를 볼 수 있고 공익이 실현된다.

여기서 운영적 결정과 헌법적 결정의 차이를 볼 수 있다. 운영적 결정은 자원 배분에 관한 결정이고 헌법적 결정은 규칙에 관한 결정이다. 투표 규칙을 결정하는 것은 헌법적 결정이고 투표 규칙 아래에서 투표를 하는 것은 운영적 결정이다. 투표를 통해 자원 배분이 결정된다. 자원 배분에 관해 결정할 때는 이해가 대립되고 사익이 첨예하게 드러난다. 그러나 투표 규칙에 관해 결정할 때는 대립되는 사익이 덜 드러난다. 개인은 앞으로 나타날 개별적 쟁점들에 규칙이 적용되었을 때 자기가 때로는 이익을 얻기도 하고 때로는 손해를 보기도 할 것이라고 예상할 것이다. 그러나 그는 언제 자기가 이익을 볼지 손해를 볼지 모른다. 다만 규칙이 올바르다면 종합적으로 볼 때 순이익이 있을 것임을 알 뿐이다. 개인은 특정 규칙의 실행에서 자신이 손해를 볼 수도 있음을 예상하지만 올바르게 설정된 규칙이라면 전반적으로 자기에게 순이익이 될 것이라는 것을 알기 때문에 그 규칙을 채택하는 데 동의할 것이다. 모든 개인들이 이렇게 생각한다. 그래서 모든 개인들이 특정 규칙(예를 들면, 과반수 규칙)의 채택에 만장일치 합의를 한다. 만장일치 합의를 했다는 의미에서 공익이 실현된다. 반복하자면, 공익은 결과적인 자원 배분에서는 실현될 수 없고 과정적인 의사 결정 규칙, 조직 규칙의 면에서만 실현될 수 있다.

이때 중요한 것은 규칙이 어떤 결과를 가져올 것인지 미리 알고서 개인이 자기 이익에 따라 규칙을 정하면 공익을 달성하는 바람직한 규칙이 되지 않는다는 점이다. 투표자가 자신의 미래의 지위를 모르고 자신의 선호를 모르는 상태에서 규칙 제정에 임해야 규칙이 "공정한" 규칙이 될 수 있다. 그런 의미에서 입법 예고제와 같은 방안을 통해 규칙의 적용 시점을 미루는 것과 같은 것은 좋은 생각이다.

위에서 언급한 두 수준의 선택이 다른 성격을 가지고 있다는 점을 더욱 쉽게 이해하기 위해 축구 경기를 예로 들어보자. 축구 경기에 참가하는 사람들은 오프사이드 규칙, 핸들링 규칙, 프리킥 규칙, 페널티 규칙 등을 정한다. 그 다음 그 규칙들에 따라, 그리고 그 규칙들 안에서, 여러 가지 전략들을 선택해 경기에 이기려고 한다. 여기서는 두 가지 상이한 차원의 선택이 있음을 알 수 있다. 하나는 규칙을 선택하는 것이고 다른 하나는 기존 규칙 안에서 전략을 선택하는 것이다. 그리고 이 두 선택은 성격이 서로 다르다.

경기자들은 경기하기 전에 축구 규칙들에 대해 합의를 하고 축구 경기에 참가하는데, 이러한 규칙들을 선택하는 것은 헌법적 선택이다. 여기서는 흥미를 유발하고 "공정한" 규칙들을 선택하는 데 경기 참가자들의 이해가 일치한다. 대립되는 이익들이 나타나지 않는다. 다른 한 편, 경기자들은 주어진 규칙들 아래서 경기의 승리를 위해 다양한 전략들을 선택한다. 예를 들면, 오프사이드 규칙을 최대한 이용해서 최소의 실점을 해 승리하려 한다. 이것은 헌법 후 선택, 운영적 선택이다. 이러한 전략들의 선택에는 서로 이해가 대립된다.

무엇을 시장 대신 집합적 행동의 대상으로 삼을 것이냐, 그 때 어느 정도의 찬성을 통해 집합적 행동을 할 것이냐 하는 것은 넓은 의미에서 의사 결정 규칙의 문제고 헌법의 문제다. 시장의 외부 비용을 해결하기 위한 정부 결정에는 외부 비용과 의사 결정 비용이 발생한다. 즉 시장에서 이익 침해(외부 비용)가 있듯이 정부에서도 이익 침해가 있다. 정부에서의 이익 침해는 어느 의사 결정 규칙을 사용했을 때 특정 법안의 통과로 말미암은 이익 침해(외부 비용)와 그 규칙을 사용했을 때 바람직할지도 모르는 법안이 통과되지 않음으로 말미암아 발생하는 이익 침해(의사 결정 비용)가 있다. 곧 정부에는 외부 비용과 의사 결정 비용이 있다. 따라서 시장의 외부 비용과 정부의 비용(외부 비용과 의사 결정 비용)을 비교하여 시장에 맡길지 정부에 맡길지 결정할 것이다. 시장과 정부 중 비용이 덜 드는 쪽, 이익 침해가 적은 쪽을 택할 것인데, 불확실성 아래에서 헌법적 결정이 이루어질 때는 좁은 의미의 사익, 자기 이익이라는 것이 모습을 드러내지 않는다. 그래서 사익과 공익이 일치한다. 만장일치 합의가 이루어진다. 반면, 사후적으로 시장에서 소득을 많이 얻지 못하는 사람들의 입장에서 보면 정부가 적극 개입하여 소득 재분배 정책을 실시하는 것이 자기에게 이익이 되었을 것이다. 사후적으로는 시장에 의한 자원 배분과 정부에 의한 자원 배분에 관해 개인들의 이익들은 달라지고 대립된다.

어느 정도의 찬성을 통해 집합적 행동을 할 것이냐에 관한 규칙을 선택할 때도, 장래 자기가 무엇이 될지 무엇을 좋아할지 모르는 상태에서 의사 결정 규칙을 정할 때는 좁은 의미의 사익, 자기 이익이라는 것이 모습을 드러내지 않는다. 규칙 결정이 객관적이고 "공정하게" 이루어진다. 이때 의사 결정자들은 사익에 따라 결정하지만 공익에 일치하는 사익에 따라 결정한다. 그 결과 만장일치 합의가 이루어진다. 그는 자기가 다수파에 속할지 소수파에 속할지 모르지만 소수파에 속할 경우 입게 될 이익 침해(외부 비용)와 지나치게 많은 다수에게 찬성하도록 요구함으로써 바람직한 사업을 실현할 기회를 잃게 될 이익 침해(의사 결정 비용) 양쪽 다를 고려하여 바람직한 의사 결정 규칙을 정한다. 훗날 그러한 의사 결정 규칙이 실제 적용되어 특정 자원 배분이 발생했을 때는 소수파에 속한다든가 지나친 의사 결정 비용으로 사업이 실현되지 않아 자기의 이익이 침해될 수도 있다. 그렇지만 규칙을 정할 때는 그는 그러한 결과를 미리 알 수 없다. 그는 평균적으로 보았을 때, 전 계열에 걸친 쟁점들을 종합적으로 고려했을 때, 이러한 규칙을 채택하고 따르는 것이 이익이 됨을 알 뿐이다. 대표적 개인은, 나아가서 구성원들 전체는, 모두 이익을 얻는다. 공익이 실현된다.

오늘날 극도로 사익이 중요해졌다. 정부가 국민 소득의 반에 가깝도록 쓰고 있고, 특수 이익 집단의 영향력이 증대하고 있으며, 차별적 입법이 이루어지고 있다. 그 결과 입법으로 남에게 피해를 끼치는 사익을 실현할 가능성이 더 높아졌다. 특히 경제 민주화와 분배 정치가 기성을 부리는 오늘날, 사익 추구가 공익 실현을 저해할 가능성이 더욱 높아졌다. 과거에는 그렇지 않았다. 전에는 이익 갈등이 적고 합의가 쉽게 이루어지는 문제 중심으로 집합적 결정이 이루어졌기 때문이다. 일반 규칙은 사익, 공익 구분이 없다.

집합적 행동에서의 합의 증대 방안들

다시 한 번 질문하자. 집합적 행동에서 사익을 추구하는 것이 어떻게 공익을 실현하는 결과가 되도록 할 수 있을까? 공익이 표현될 수 있는 것은 자원 배분의 결정을 통해서가 아니라 의사 결정 규칙들, 조직 규칙들 자체를 통해서다. 과반수결이건, 2/3결이건 의사 결정 규칙이 적정하면 그 의사 결정 규칙에 만장일치 합의를 볼 수 있다. 그 경우 그것이 공익이 아닐까? 그렇다면 적정한 의사 결정 규칙은 어떠한 모습을 지닐까?

오늘날 대부분의 문제들을 과반수로 처리하고 그 결과 다수파가 소수파의 이익을 침해한다. 대부분의 문제들에 대해 적정 의사 결정 규칙이 과반수결이기 때문일까? 아니다. 타성적으로 민주주의는 과반수결이라고 생각하고 적정 의사 결정 규칙이 무엇일지에 관해 진지한 고민을 해보지 않았기 때문에 빚어지는 현상일 것이다.

외부 비용으로 인한 사익 침해를 막기 위해서는 만장일치가 이상적이다. 그러나 만장일치는 바람직한 사업의 실현을 방해하는 피해(의사 결정 비용)를 끼친다. 따라서 만장일치에서 벗어나는 것이 불가피하겠지만, 많은 사업들의 경우 의사 결정 비용은 그리 크지 않으므로 조금만 벗어날 필요가 있다. 따라서 공익 실현을 위해 보강된 다수결, 가중 다수결이 더 많이 사용되어야 한다. 그러나 의원들은 2/3결, 3/4결과 같은 보강된 다수결에 어색함을 느낀다. 과반수라는 숫자가 더 이해하기 쉽기 때문이다. 이렇게 느낀다면 공익 실현에 가중 다수결과 같은 효과를 가진 것으로서 양원제의 사용과 대통령의 거부권 행사와 같은 방안도 고려할 수 있다. 어쨌든 과반수결이 적정한 의사 결정 규칙일 가능성은 희박하다.

역으로 소수결도 옹호되어야 한다. FTA 같은 자유 무역 법안은 1/3결과 같은 소수결이 적정 의사 결정 규칙일 것이다. 자유 무역은 거의 모든 경제학자들에 의해 옹호된다. 그렇다면 이것은 아주 낮은 외부 비용과 높은 의사 결정 비용을 가지고 있는 쟁점으로서 소수결이 적합하다. 다른 말로 하면 자유 무역을 통과시키는 데 1/3결과 같은 소수결을 요구하고, 금지하는 데 2/3결과 같은 보강된 다수결을 요구하는 것이 적정 의사 결정 규칙이라는 것이다. 자신이 여당이 될지 야당이 될지, 자신이 농부가 될지 자동차 제조업자가 될지, 자신이 진보적일지 보수적일지 모르는 불확실성 아래에서 결정을 내리는 대표적 개인은 아마도 자유 무역 법안을 통과시키는 데 적정한 의사 결정 규칙이 이를테면 1/3결과 같은 소수결이라고 판단할 것이고 이러한 규칙을 선택하는 데에는 모든 사람들이 만장일치로 동의할 것이다. 규제의 폐지에 대해서도 같은 말을 할 수 있다.

일반 입법에 치중하여 법률을 만들면 그것이 설사 그저 과반수로 통과되더라도 공익에 일치하는 법률이 된다. 공공 부문이 커지고 법률이 차별적, 편파적일 때는 이익 집단의 조직 이익이 올라간다. 경제 민주화 입법이라든가 무상 급식 등 복지 지출에 관한 입법이 여기에 해당한다. 반면, 집합적 활동이 일반 편익을 가지고 있을 때는 이익 집단들의 조직 이익이 낮아지고, 사익과 공익이 일치한다. 재산권의 보장이나 국방, 치안에 관한 입법이 여기에 해당한다. 이 경우에는 만장일치나 보강된 다수결이 아니라 과반수로 통과시키더라도 상관없다. 규칙은 과반수 규칙이더라도 대부분의 구성원들, 만장일치에 가까운 구성원들이 동의할 것이기 때문이다.

그러나 의회는 일반 입법에만 국한하여 입법하지 않는다. 그리고 일반성의 외관을 지니고 있는 법안도 구체적으로는 차별적 항목들이 포함되어 있다. 이런 문제를 해결하기 위해서는 편익 과세를 활용하는 것이 바람직하다. 편익을 누리는 지역이나 집단이 비용도 같이 부담하는 것이다. 이런 제도를 통해 만장일치 합의가 증대한다. 사익이 공익으로 연결된다.

때로는 재분배 문제로 편익 과세가 어려울 수도 있다. 재분배 문제가 고려될 때, 혜택을 누리는 특정 지역이 가난해서 비용을 부담하는 것이 바람직하지 않은 경우도 있다. 이때는 혜택을 누리는 특정 지역과 비용을 부담하는 다른 특정 지역을 대응(matching)시키는 방법을 고려해 볼 만 하다. 예로서, 웨스트버지니아 탄광의 특별 편익을 오클라호마 주민들에 대한 특별세로 재원 조달하는 것이다. 그렇지 않고 특정 지역에 혜택을 주는 사업을 일반세로 재원 조달한다면 너도 나도 이런 입법을 요구하게 되어 판도라의 상자가 열리게 된다. 그렇다고 어려운 웨스트버지니아 주민들에게 큰 비용을 부담하라고 하는 것도 무리일지 모른다. 이런 경우에는 이런 대응 정책이 재분배 문제도 고려하면서 무분별한 특혜 입법의 단초를 열지 않는 장점을 지니게 되어 공익을 더 가깝게 반영할 것이다(뷰캐넌 및 털럭, 2012: pp. 536-538).

마지막으로, 지방 분권 제도가 합의를 증대하고 공익을 실현하는 데 도움이 될 수 있을 것이다. 중앙 집권적으로 처리하면 이익이 다른 많은 지역들, 집단들을 다루게 된다. 중앙 집권적으로 결정이 이루어지면, 사익들의 충돌이 심해진다. 반면, 분권화하면 지역이나 집단은 이익이 같은 지역들이나 집단들로 나뉜다. 분권화는 그 결과 합의 가능성을 높인다. 외부 비용과 의사 결정 비용이 줄어들어 총 정부 비용이 줄어들기도 한다. 무상 급식을 실시하고 싶은 작은 지역이 있다면 그 지역에 국한해서 실시하는 것이 특별시나 광역시나 도에 걸쳐서 실시하는 것보다 더 낫다. 그렇게 하는 것이 그나마 원하지 않는 지역들에 외부 비용을 끼치는 일을 줄일 수 있다.

그러나 무엇보다도 가능하면 집합적으로 처리하지 말고 시장에 넘기는 것이 좋다. 교육 문제에서, 이를테면 한자 교육을 예로 들어보자. 국가에 의해서 내려지는 처방은 한글 한자 혼용이나 한글 전용 중 어느 하나로 결정되어 강요된다. 그 경우 어느 한 쪽은 사익이 침해된다. 그러나 교육이 사립학교 등 시장에 의해 제공되면 학교에 따라 한자를 교육할 수도 있고 그렇게 하지 않을 수도 있다. 어느 쪽이 공익에 더 일치할까? 시장에 넘기면 학부모나 학생은 자기의 이익에 따라 학교를 선택할 수 있다. 모두의 이익이 충족된다.

해법 : 시장 거래

개인들의 사익을 최대한 충족시키기 위해, 즉 소위 공익을 실현하기 위해, 시장 거래에 맡기고 시장 거래의 이점을 활용해야 한다. 외부성의 문제도 재산권의 설정을 통해 시장 거래를 활용하도록 해야 한다. 따라서 가능한 시장에 맡기고 정부에 할당할 일은 제한되어야 한다. 시장 거래를 이용할 수 없는 경우 정부의 집합적 행동에 의존한다. 그럴 때도 정부가 할 일은 구성원들이 만장일치 합의를 볼 수 있는 일에 국한되어야 한다. 그렇게 하기 위해선 정부는 직접적으로 자원 배분을 결정하기보다 규칙의 제정에 치중해야 한다. 공익은 규칙에서 나타나기 때문이다. 이 때 공익에 이바지하는 바람직한 규칙이 되려면 규칙 제정자들이 불확실성 아래에서 혹은 무지의 장막 뒤에서 결정해야 한다. 그렇게 만장일치를 통해 나온 규칙은 과반수결일 수도 있고 소수결일 수도 있으며 보강된 다수결일 수도 있다. 그 규칙을 채택하기로 만장일치로 합의를 하게 되면 그 규칙은 "공정한" 규칙, 공익에 일치하는 규칙이 된다. 여하간 적정 의사 결정 규칙의 관점에서 볼 때 과반수 규칙은 특정 문제에 적합한 규칙이지 모든 문제에 적합한 규칙은 아니다, 적합한 규칙은 문제에 따라 달라진다. 가중 다수결, 일반 입법, 편익 과세, 대응, 분권화 등이 집합적 행동에서 사익을 공익으로 전환하기 위해 이용될 수 있을 것이다.

참고 문헌

뷰캐넌, 제임스, 고든 털럭 지음(황수연 옮김), 『국민 합의의 분석』, 지만지, 2012

이타주의와 사익 추구는 모순인가?

김승욱
중앙대 경제학과 교수

종교와 사익 추구

기독교나 불교 등 대부분의 고등종교들은 사랑이나 자비와 같은 이타주의적 덕목을 중요하게 여긴다. 타인에게 사랑을 베푸는 이타적인 행위와 자기의 이익만을 추구하는 것은 양립하기 어렵다고 생각하는 경향이 있다. 예를 들면 로널드 내쉬는 자본주의 체제에서 수용하는 "이기심, 탐욕, 그리고 경쟁정신" 등을 기독교인들이 받아들이기 어려워한다고 했다.[1] 한국에서도 일부 기독교인들은 사익의 추구를 수용하는 주류 경제학을 맘몬의 경제학이라고 규정하고 기독교인들은 이를 수용하면 안된다고 주장한다.[2]

그런데 사랑과 같은 이타주의를 강조하는 기독교문화를 가진 서양에서 자본주의가 발생했다. 기독교문화권에서 사익 추구를 어떻게 인식했는가? 사익을 무엇으로 정의하느냐에 따라서 기독교계의 사익 수용 여부가 달라진다. 만약에 사익을 탐욕이나 이기심과 같은 것으로 정의하면 기독교는 이에 대해서 부정적이다.

그러나 사익을 남에게 피해를 주지 않는 범위 내에서 자신의 이해(self-interest)에 따라 행동하는 합리적인 행위를 의미한다고 정의하면 기독교는 이런 사익을 추구하는 것에 대해서 부정적이지 않다. 이 글에서는 이 사익 추구를 기독교가 어떻게 판단하는지 그리고 이타주의가 자본주의 형성에 어떻게 영향을 미쳤는지 살펴보고자 한다.[3)]

먼저 왜 기독교가 사익 추구를 부정한다고 인식하는지에 대해서 살펴본다. 그리고 기독교는 사익 추구를 부정하지 않는다는 것을 설명한 다음에, 자본주의 시장경제가 작동되기 위해서는 법이나 윤리 등이 필요한데, 이타주의가 이러한 측면에서 기여함으로써 자본주의의 발달에도 기여했으며, 시장경제가 원활하게 작동하는데도 기여하고 있다는 것을 설명하고자 한다.

사익 추구에 대한 기독교의 오해

기독교에서 사익 추구를 나쁘게 볼 것이라고 생각하는 이유는 첫째, 기독교가 이타주의적 사랑을 매우 강조하기 때문이다. 구약성경에서 명령한 십계명을 두 가지로 요약하면,[41] 하나님과 이웃을 사랑하라는 것이다.

> "예수께서 이르시되 네 마음을 다하고 목숨을 다하고 뜻을 다하여 주 너의 하나님을 사랑하라 하셨으니, 이것이 크고 첫째 되는 계명이요. 둘째도 그와 같으니 네 이웃을 네 자신 같이 사랑하라 하셨으니 이 두 계명이 온 율법과 선지자의 강령이니라(마태복음22:37-40)."

그리고 이 두 가지를 한 단어로 요약하면 사랑이라는 단어로 표현할 수 있다. 그래서 기독교를 사랑의 종교라고 한다. 그리고 예수는 산상수훈에서 이웃뿐만이 아니라 원수도 사랑하라고 가르쳤다.

> "나는 너희에게 이르노니 악한 자를 대적하지 말라 누구든지 네 오른편 빰을 치거든 왼편도 돌려 대며 또 너를 고발하여 속옷을 가지고자 하는 자에게 겉옷까지도 가지게 하며, 또 누구든지 너로 억지로 오 리를 가게 하거든 그 사람과 십 리를 동행하고 네게 구하는 자에게 주며 네게 꾸고자 하는 자에게 거절하지 말라. 또 네 이웃을 사랑하고 네 원수를 미워하라 하였다는 것을 너희가 들었으나, 나는 너희에게 이르노니 너희 원수를 사랑하며 너희를 핍박하는 자를 위하여 기도하라. 이같이 한즉 하늘에 계신 너희 아버지의 아들이 되리니 이는 하나님이 그 해를 악인과 선인에게 비추시며 비를 의로운 자와 불의한 자에게 내려주심이라(마태복음5:39-45)."

이렇게 성경은 악을 악으로 갚지 말고, 구하는 사람에게 더 베풀라고 가르치며, 그렇게 할 때 하나님의 아들이 된다고 했다. 이렇게 범인으로써는 실천하기 어려울 정도로 매우 높은 수준의 이타적인 사랑을 요구한다. 그리고 말로만 사랑하는 것이 아니라 그것을 실천하기 위해서 가난한 이웃을 도와야 한다고 강조한다. 예수로부터 가장 사랑을 받은 제자, 사도 요한은 "누가 이 세상 재물을 가지고 형제의 궁핍함을 보고도 도와줄 마음을 막으면 하나님의 사랑이 어찌 그 속에 거할까보냐(요한일서3:17)."라고 적었다. 이렇게 기독교가 이타적인 사랑을 강조하기 때문에, 기독교인들이 자기의 이익만을 추구하는 그런 이기적인 행위에 대해서 부정적일 것으로 생각하는 것이다.

두 번째 이유는 성경이 재물을 숭배하는 물질주의를 경고하기 때문이다. 예수는 "한 사람이 두 주인을 섬기지 못할 것이니 혹 이를 미워하며 저를 사랑하거나 혹 이를 중히 여기며 저를 경히 여김이라. 너희가 하나님과 '재물'을 겸하여 섬기지 못하느니라(마태복음6:24)."라고 하여 재물을 섬기게 되면 하나님을 섬길 수 없다고 가르쳤다. 이렇게 재물을 숭배하는 물질주의를 경고할 뿐만 아니라, 재물을 거의 악마와 대등하게 취급한다. 한국어 성경에 '재물'로 번역된 이 단어는 영어성경에는 맘몬(Mammon)으로 번역되어 있다.[5] 이 맘몬이란 헬라어 '맘모나스'를 의인화시킨 것으로 신약성경의 복음서에서 "물질적인 부유와 탐욕"을 의미할 때 사용되었다. 중세에는 맘몬이 일반적으로 탐욕과 부유함, 부정직함을 관장하며 두 개의 새 머리, 검은 몸, 발톱을 가진 손발이 있는 모습을 한 악마로서 그려졌다.[6] 이렇게 경제학에서 부(wealth)를 의미하는 재물을 성경은 악마로 표현할 정도로 물질주의를 경계한다. 그리고 신약성경의 절반을 기록한 바울 사도도 "돈을 사랑치 말고 있는 바를 족한 줄로 알라(히브리서13:5)."고 가르쳤다. 또 바울은 제자 디모데에게 보낸 편지에서 교회 지도자는 돈을 사랑하지 않는 사람이어야 한다고 했다(디모데전서 3:3). 그리고 돈을 사랑하는 것이 모든 악의 뿌리가 되며, 이것 때문에 믿음을 버리게 된다고 가르쳤다(디모데전서6:10).[7] 이렇게 성경이 반복해서 돈과 재물 즉 부를 사랑하지 말라고 하기 때문에 자기 이해관계에 따른 이익 추구를 기독교가 부정적으로 볼 것이라고 생각하는 사람들이 많다.

마지막으로 기독교가 사익 추구를 부정한다고 오해하는 이유는 성경이 욕망에 대해서 부정적으로 인식한다고 보기 때문이다. 경제학에서는 인간의 욕망은 무한하며, 자원은 유한하기 때문에 경제적 선택을 피할 수 없다고 한다. 다시 말하면 인간은 욕망을 추구하는 존재라는 것을 전제하고 경제이론을 전개한다. 그러나 성경은 인간의 욕망추구를 경계하는 부분이 많다. 구약성경 시편에는 욕심을 자랑하는 자를 악인이라고 하고, 심지어 욕심 부리는 사람은 하나님을 배반하는 자라고 한다.[8] 그래서 탐욕을 입에 올리지도 말라고 하며,[9] 탐심은 그 자체가 우상숭배라고 경고한다.[10] 지혜의 왕 솔로몬이 쓴 잠언에 의하면 "이익을 탐하는 자(greedy man)는 자기 집을 해롭게 하나(잠언15:27)."라고 해서 이익 추구 자체를 탐욕과 동등하게 인식했다. 예수도 제자들에게 "삼가 모든 탐심을 물리치라. 사람의 생명이 그 소유의 넉넉한 데 있지 아니하니라(누가복음12:15)."고 가르쳤다. 이렇게 성경에서 욕심을 문제시하는 것은 작은 욕심이라도 그것이 자라서 남에게는 물론 자신에게도 피해를 끼치기 때문이다. 신약성경 야고보서에 "오직 각 사람이 시험을 받는 것은 자기 욕심에 끌려 미혹됨이니 욕심이 잉태한 즉 죄를 낳고 죄가 장성한 즉 사망을 낳느니라(야고보서1:14-15)."고 되어 있다. 결국 욕심이 자라서 죄를 짓게 되기 때문에 작은 욕심이라도 경계하고 있다. 또 욕심은 이웃과의 다툼을 일으킬 수 있기 때문에 피하라고 한다.[11] 그리고 욕심을 부리다 보면 어리석어진다고 경고한다.[12]

이렇게 성경이 이웃 사랑을 강조하고, 물질주의와 욕심부리는 것을 경계하기 때문에, 사실상 중세까지 교회는 이기심에 기초한 자기 사랑과 이익 추구에 대해서 부정적인 시각을 가지고 있었다.

중세 교회의 가르침

기독교 교리를 체계화시킨 4세기의 기독교 철학자이며 신학자인 아우구스티누스(Sanctus Aurelius Augustinus 354-430)[13]는 그리스 철학체계 속에서 기독교 진리를 정리해 냈기 때문에 '서양의 스승'이라고 불릴 정도로 서양사상에 결정적인 영향을 미친 교부이다.[14] 그는 『신국론(De civitate Dei)』에서[15] 이 세상을 예루살렘으로 비유되는 "신(하늘)의 도성"과 바벨론으로 비유되는 "지상(땅)의 도성"으로 구분했다.[16] 지상의 도성은 '자기 사랑'에 의해 만들어지고, 하늘의 도성은 '하나님 사랑'에 의해서 이루어진다고 보았는데, 인간은 '자기 사랑'과 '하나님 사랑' 사이에서 선택해야 한다고 했다. 그리고 선과 악은 자연본성에 따른 것이 아니라 인간의 자유의지와 욕망 때문에 발생한다고 했다.[17] 하나님의 도성 원리는 하나님에 대한 사랑으로써, 심지어 자신의 자아를 경멸하면서까지도 하나님을 사랑하는 것이다.[18] 아우구스티누스는 지상의 도성에서 자신의 이익을 추구하는 행위는 자기사랑에 기초했으므로 부정적인 것으로 보았다. 그리고 하나님은 지상의 도성을 방관하지 않으셨는데, 하나님의 거룩한 손은 이기주의의 와중에서도 상대적 조화를 유지하게 하실 수 있다고 보았다. 그러나 인간의 도성은 하나님의 섭리 덕분에 대립 가운데에서도 잠시는 조화를 유지할 수 있지만, 결국 마지막은 파멸이라고 보았다. 그리고 그 파멸의 근거는 인간들이 자신의 능력과 번영과 인간적 지식에 의지하기 때문이다.

중세 교부철학의 최고봉으로 평가받는 토마스 아퀴나스(Thomas Aquinas, 1224/1225?~1274)도[19] 인간의 혼은 물질에 의해서 타락할 수 있기 때문에 자본의 풍요로움은 인간의 혼에 영향을 미치고, 이 타락한 혼은 영적 타락을 유발할 수 있다고 보았다.[20]

그러나 중세 교회가 상거래 자체를 나쁘다고 본 것은 아니다. 상업이 발달했던 그리스의 플라톤(BC428/427?~BC348/347?)은 상품 교환을 사랑의 교환으로 이해했으며, 시장에서 불균형이 발생하는 것은 사랑이 사라진 증거라고 생각했다. 그의 제자 아리스토텔레스(BC348~BC322)도 그렇게 이해했으며, 사랑은 시장에서 균등관계를 이루어간다고 보았다. 아리스토텔레스의 철학사상을 기독교에서 수용하도록 하는데 결정적인 기여를 했다고 평가받는 토마스 아퀴나스도 역시 시장 교환을 도덕적으로 선한 행위로 이해했다.[21]

이렇게 시장 교환을 나쁜 것으로 인식하지는 않았지만, 문제는 인간의 탐욕으로 인해서 시장에서 공정한 가격에 거래되지 않을 수 있다는 것이다. 아리스토텔레스는 생산에 투입된 노동량에 비례하는 가격을 정의로운 가격이라고 생각했다. 그런데 아퀴나스는 가격과 가치가 일치할 때 비로소 '교환적 정의'가 이루어진다고 보고, 이때의 가격을 '공정가격'이라고 보았다. 시장에서 공정가격에 거래가 이루어지지 않을 경우 법이나 공권력으로 해결하는 방법이 있지만, 아퀴나스는 불공정거래의 원인이 사람들의 마음에 있기 때문에 이를 윤리적으로 해결하는 것이 더 바람직하다고 생각했다. 즉 인간의 영혼이 하나님의 영과 일치하면 시장가격이 공정가격과 같게 된다는 것이다. 이렇게 경제윤리가 준수되면 시장 교환은 사랑에 기초하는 것이고, 공정가격이 회복되고 정보윤리가 준수되며, 위반과 태만이 사라진다는 것이다.[22] 반면에 인간이 탐욕에 이끌려 하나님의 마음을 외면하면, 시장가격이 공정가격에서 멀어지게 된다고 주장했다.

이렇게 중세에는 인간의 이기심을 억제하는 장치로 공정가격이라는 개념을 활용하였다. 상인이 공정가격 이상을 받으려는 생각이나, 소비자가 정당한 가격을 주지 않고 구입하는 행위는 모두 잘못된 이익을 추구하는 것이고 악한 것이라고 생각했다. 이러한 생각을 잘 반영하는 일화가 있다. 10세기의 성 제랄드(St. Gerald)는 로마 방문 중에 구입한 사제복이 자신이 지불한 가격보다 훨씬 비싸다는 것을 지나던 순회상인으로부터 들었다. 요즈음 같으면 정직한 목사나 신부라고 할지라도 물건을 싸게 샀다고 좋아했을 텐데, 제랄드 신부는 좋아하기는커녕 그 순회상인을 통해 차액과 이자를 돌려주었다.[23] 이와 같이 상업 자체는 나쁜 것이 아니지만, 상업에서 이익을 얻는 것은 정의로운 것으로 여기지 않았다. 그 이유는 상업을 제로섬게임으로 생각해서, 상업에서 이익을 얻는다는 것은 다른 사람에게 손해가 된다고 생각했기 때문이다. 그러므로 서양의 중세 기독교 사회는 이익을 얻는 것을 격려하기보다는 정의롭게 사는 것을 더 격려하는 사회였다.

중세까지 서구에서 이러한 인식을 가졌던 이유는 사상가들의 영향도 있었지만 경제적 이유 때문이기도 하다.

근대 사회가 도래하기 전에는 수천 년 동안 경제성장이 거의 정체되어 있었다. 맬서스가 『인구론』을 통해서 설명한 바와 같이, 생산성이 올라가면 인구가 늘어나서 인구 압박으로 인해서 전쟁이 일어나거나, 흉년이나 전염병이 돌게 되어서 인구가 다시 줄어들었다. 즉 전근대사회에서는 생산성의 향상이 인구증가의 압박을 이겨내지 못했다. 동서양을 막론하고 이러한 현상이 지배적이었다.

전근대시대에 생산성이 올라가지 않은 이유는 토지와 노동력만이 생산수단이었던 농경시대였으며, 생산성을 획기적으로 높일 수 있는 제조업이 발전하지 않았기 때문이다. 상업으로 큰 이익을 얻을 수 있었지만, 교통수단이 발달하지 않아서 교환이 이루어지는 곳은 오늘날 장터 수준에 불과했으므로 상업이익도 낮았다. 그래서 전쟁으로 남의 토지와 사람들을 지배하는 방법 이외에는 남들보다 더 잘 살 수 있는 방법이 없었다. 그래서 야만적인 약탈을 낳는 탐욕에 대해서 그토록 강하게 경고했던 것이다. 당시에 이윤 추구 자체를 부정적으로 인식하는 금욕주의가 나타나는 것은 당연한 결과였다. 토마스 아퀴나스도 이윤 추구를 비천(turpitudo)한 것이라고 했다.[24] 서양의 기독교뿐만 아니라 동양의 유교나 불교 등 대부분의 고등종교들도 역시 이윤 추구 행위에 대해서 고운 시선을 보내지 않았다.

기독교는 사익 추구를 부정하지 않는다

그런데 15세기 말에 서구에서는 이러한 생각에 큰 변화가 일어났다. 항해술의 발달과 지리혁명으로 대항해 시대를 맞이하여 무역의 범위가 크게 확대되면서 농업이나 소규모 상업의 한계를 넘어서기 시작했다. 동방의 비단이나 향료 등 값비싼 제품들을 직접 도입할 수 있는 길이 열리고, 신대륙에서 막대한 금과 은이 유입되었다. 이제는 힘으로 남을 지배하지 않고도 교환을 통해서 부를 축적할 수 있게 되었다. 따라서 이윤 추구 활동에 대한 근본적인 견해가 바뀌기 시작했다. 이제 무역과 같은 경제활동도 그 자체로서 죄가 되는 것은 아니라는 인식이 확산되었다.

베버명제

앞에서 언급한 바와 같이 중세 기독교는 이윤 추구에 대해서 부정적인 시각을 가지고 있었으나, 종교개혁 이후에 시각의 큰 변화가 일어났다. 콜럼부스가 아메리카 대륙을 발견한 1492년부터 불과 25년 후에 루터가 로마가톨릭교회의 부패와 타락을 비판하는 95개조 반박문을 비텐베르크 대학교회 정문에 붙이면서 종교개혁의 불길이 타올랐다.

막스 베버는 『프로테스탄티즘의 윤리와 자본주의 정신』에서 "직업적으로 체계적이고 합리적으로 정당한 이윤을 추구하는 정신적 태도" 즉 오늘날의 자본주의 정신이 이 종교개혁가들의 프로테스탄티즘의 윤리에서 시작되었다고 주장했다.[25] 자본주의 정신의 예로 베버는 선대제 상인을 들었다. 어떤 선대제 상인이 필요한 직조공을 엄선해서 노동자로 교육시켜 생산을 담당하게 하고, 자신은 도시에 와서 고객을 확보하여 그 고객이 원하는 제품을 생산하는 이러한 생산의 합리화 과정을 통해서 거액의 재산을 축적했다. 그리고 베버는 이 돈을 소비하지 않고 또 다시 사업에 계속 투자를 함으로써 더욱 큰 재산을 이루어가는 것을 자본주의 정신의 예로 들었다. 그리고 이전에는 이렇게 돈벌이에 헌신하는 행위를 이해할 수 없었는데, 자본주의 정신은 돈벌이라는 소명에 대한 헌신을 특징으로 한다고 했다.

중세에는 하나님으로부터 부여받은 소명(calling)은 신부들에게 국한된 것이라고 생각했지만, 루터는 상인과 같은 세속적인 직업도 성실하게 이행하면 바로 하나님께 부여받은 소명이라고 인식했다.[26] 루터는 잠언(22:29)의 "네가 자기의 일(business)에 능숙한 사람을 보았느냐 이러한 사람은 왕 앞에 설 것이요 천한 자 앞에 서지 아니하리라."라는 말씀을 근거로 세속적인 직업 노동을 이웃 사랑의 외적 표현으로 여겼으며, 이러한 세속적 의무의 이행은 신을 기쁘게 하는 유일한 방법이며, 모든 직업은 신 앞에서 절대적으로 동일한 가치를 가진다고 보았다.[27] 중세에는 수도승적 금욕을 통해서 세속적 도덕을 능가한다고 생각했지만, 루터는 하나님께로부터 받은 세속적인 직업을 통해서 자신의 의무를 완수하는 것이 소명이라고 해석을 함으로써 자본주의 정신이 나타날 수 있는 토양을 제공했다.

또한 예정론을 주장한 칼뱅은 인간이 하나님께 선택되었다는 것을 확신할 수 있는 가장 탁월한 방법은 부단한 직업노동이라고 주장했다. 즉 "세속적 직업이 이른바 종교적 불안감을 진정시키는 데 적합한 수단"이라고 했다.[28] 이렇게 금욕주의적 프로테스탄티즘의 직업개념이 내세를 지향하면서 세속적 생활양식을 합리화했다.[29]

이렇게 세속적 직업의식을 강조하면서 다른 한편으로는 소유하고 있는 재산에 안주하여 부를 향락하여 태만과 육욕에 빠지는 것을 경계했다. 그래서 시간 낭비를 모든 죄 가운데 가장 무거운 죄로 여겼다.[30] 그리고 노동을 가장 중요한 금욕의 수단으로 인정했고, 그래서 "네 직업에서 열심히 일하라."는 것을 강조했다.

그리고 이윤에 대한 인식이 바뀌게 된 것도 기독교에서 신학의 변화와 관련이 있다. 종교개혁가들은 어떤 직업이 얼마나 유용한가 또는 하나님이 얼마나 기뻐하는가 하는 것을 측정하는 척도 중의 하나를 이윤이라고 보았다. 물론 도덕적 척도를 가장 중요하다고 보았지만, 직업이 생산하는 재화가 사회적으로 어느 정도 유용한가 하는 것도 역시 중요하다고 인식했다. 뿐만 아니라 '이윤'도 역시 중요한 척도로 보았다. 즉 하나님이 어떤 신자에게 이윤의 기회를 준다면 거기에는 그 나름의 이유가 있다고 보고, 그러한 기회를 이용하여 신의 부름에 따라야 한다는 것이다. 이렇게 이윤 창출의 기회를 하나님이 축복하신 것으로 인정하고 사업가들을 윤리적으로 신성시했다. 그래서 신의 섭리를 따라 이윤 창출에 성공하면, "신이 그의 사업을 축복하신다."고 말했다.[31]

이렇게 베버가 주장한 바와 같이 종교개혁가들에 의해서 인간의 합리적인 이익추구행위를 긍정적으로 인식하기 시작했다. 그 결과 성경은 이기심(selfishness 또는 egoism)은 비난하지만, 사람이 '자기이익(self-interest)'을 추구하는 것을 정죄하지 않는다는 인식을 하기 시작했다.

그러므로 이기심과 자기이익 추구를 혼동해서는 결코 안된다. 이기주의란 "자신의 필요나 욕구를 타인의 필요나 욕구보다 우선시하는 행동"으로 정의할 수 있다.[32] 즉 이기적인 사람은 옆 사람이 어떻게 되든지 상관하지 않고, 자신의 유익만을 추구한다. 반면에 자기이익을 추구한다는 것은 주위 사람에게 아무런 해를 끼치지 않고도 자기의 이익을 추구하는 것을 의미한다. 예를 들어서 보다 나은 미래를 위해서 저축을 하는 것, 또는 바로 직업

전선에 나가지 않고, 상급학교에 진학하기로 하는 결정 등은 자신의 유익을 위한 선택이지만, 이것을 이기적인 행동이라 하지 않고 합리적인 선택이라고 한다. 이런 행동을 사익 또는 개인의 이익(self-interest)를 추구하는 행위라고 할 때 성경은 이런 행동을 금하지 않는다.

이러한 합리적인 행동을 금하지 않을 뿐만 아니라, 자신과 가족을 돌보지 못하는 것에 대해서 반대로 책망한다. 신약성경 중에 바울이 제자 디모데에게 보낸 첫 번째 서신(디모데전서5:8)에서는 "누구든지 자기 친족 특히 자기 가족을 돌보지 아니하면 믿음을 배반한 자요."라고 적고 있다. 이렇게 가족의 필요를 돌보지 않는 사람은 믿음을 배반한 자라고 판단하고 있는데, 돌본다는 것은 합리적인 경제행위를 의미한다.

청빈론과 청부론

물론 기독교계에서도 이타주의의 정도에 대해서 이견이 없는 것은 아니다. 다 나눠주고 자발적으로 가난하게 살아야 한다며 적극적 이타주의를 주장하는 교단이나 목회자도 있다.[33] 프란체스코 수도회(Ordo Fratrum Minorum)나 토마스 아퀴나스가 속했던 도미니코 수도회(Ordo fratrum Praedicatorum) 등 가톨릭의 탁발수도사(mendicants)들은 청빈을 중요시하였다. 개신교에도 목회자뿐만 아니라 진정한 크리스천들은 모두 가진 것을 나누어주고 자발적으로 가난하게 살아야 한다는 주장을 하는 목사들도 있다.

그러나 기독교의 주류적 가르침은 인간이 타락한 존재로 태어나기 때문에 이 세상에서 완벽하게 이타적인 삶을 살 수 없다는 것이다. 물론 신앙을 갖게 되면 성경에 기록된 하나님의 도덕기준을 실천하도록 적극적 이타주의를 요구한다. 기독교가 요구하는 경제윤리는 애덤 스미스가 말하는 경제윤리보다 한층 적극적인 이타주의이다.[34] 그러나 완벽한 사랑을 실천하는 것은 지상에서는 불가능하다고 보는 것이 일반적인 기독교인들의 관점이다. 따라서 일반적으로 기독교에서도 이웃에게 베푸는 사랑의 실천을 강조하기는 하지만, 자신의 유익을 추구하는 것을 정죄하지는 않는다. 즉 기독교가 인간이 내면에 가지고 있는 이기적인 탐욕을 경고하고, 그 대신 사랑을 베풀라고 강조하고 있지만, 인간의 합리적인 경제적 동기 자체를 부정하는 것은 아니다.

이타주의는 시장경제에 긍정적인 역할을 한다

애덤 스미스도 『도덕감정론』에서 "인간이 비록 이기적이라고 하더라도, 남의 운명이나 처지에 사려심을 갖고, 남의 불행이나 기쁨에 공감할 수 있는 능력이 있다."고 말했다.[35] 또한 인간은 타인으로부터 인정받기를 원하는 존재이므로, 스스로 마음속에서 울리는 공평한 양심의 소리를 따르려고 도덕적 의무감(sense of duty)을 기르게 된다. 이로 인해 자기이해(self-interest)와 자기사랑(self-love)만을 추구하는 인간이 제어될 수 있고, 사회질서도 유지될 수 있다고 보았다.[36] 인간은 이렇게 도덕적 의무감에 의해 마음의 평정을 얻는다. 인간에게는 이러한 정도의 '사려 깊은 도덕감정'이 있기 때문에 옳고 그른 것을 분별할 수 있고, 개인의 이기심을 자제할 수 있으며, 사회가 질서를 유지할 수 있다고 주장했다.

그리고 애덤 스미스는 『국부론』에서 인간은 남에게 피해를 주지 않는 범위 내에서 자신의 이익을 추구하는 '소박한 사익 추구적 존재'로 보았다. 애덤 스미스의 『도덕감정론』에 등장하는 '사려 깊은 인간관'이나 『국부론』에 나타나는 '소박한 사익 추구적 인간'은 모두 자기 자신의 이해를 무한히 추구하는 것이 아니라 다른 사람에게 해를 끼치지 않는 수준에서 절제하는 존재이다. 인간은 다른 사람에게서 좋은 평판을 얻고자 하는 욕구가 있기 때문에 자신의 이익을 끝없이 추구하지 않고, 어느 정도 스스로 제한한다는 것이다. 사회 전체적으로 이러한 상호 작용 때문에 선한 행동이 촉진되고, 개인주의가 극대화되어 비도덕적인 수준까지 확산되지 않게 된다.[37]

이러한 도덕감정이 존재하는 범위 내에서 인간이 시장에서 합리적으로 이기심을 추구해도 질서가 유지되고, 이기심과 시장이 만날 때 아름다운 이기심을 만들 수 있다. 즉 이기심을 공적인 것으로 만들어주는 것이 시장이다. 시장이라는 제도가 있어서 설사 인간이 이기적이라도 결국은 사익 추구가 공익을 만들어내게 되는 것이라는 것이다. 운동선수가 우승을 위해서 편하게 쉬고자 하는 자기 육체의 유혹을 이기고 절제하듯이, 경제활동에서도 인간은 훗날의 유익을 위해서 이기적인 행동을 자제하게 만드는 것이 바로 시장의 힘이라는 것이다. 탐욕은 악덕이지만, 이런 악덕을 활용해 공동선을 이룩하는 것이 바로 시장이 행하는 도덕적 연금술(moral alchemy)이다.

그래서 경제학에서는 경제주체로 상정하는 경제인은 사익(self-interest)을 추구하며 합리적인 의사결정을 한다고 가정한다. 사익을 추구한다는 것은 불법적으로 이익을 추구한다는 것이 아니라, 자신에게 가장 유리한 선택을 한다는 합리적 선택을 의미하며, 합리적 이기주의라고 볼 수도 있다.

초기 자본주의의 모습

그렇지만, 산업혁명 당시 영국의 초기 자본주의는 착취와 무질서로 얼룩져 있었다. 인간이 인간을 노예로 사고 파는 것이 용인되었고, 수많은 사람들이 가혹한 노동으로 착취를 당했으며, 잔인한 형법이 가난한 사람들을 옥죄고 있었다.[38] 노상강도가 마차 여행객들을 위협했으며, 광산과 공장의 근로조건은 비참하기 짝이 없었다. 산업혁명 초기에는 유아의 경우 심지어 만 4세부터 일을 시켰다. 노동자는 비인간적인 기계장치의 톱니바퀴와 같이 공장에 편입되어 하루에 14~16시간까지도 노동했다.[39] 1832년에 영국 의회가 노동실태를 조사한 기록에 의하면 이 장시간 노동 중에 휴식시간은 아침식사 시간 15분, 저녁식사 시간 30분, 그리고 도중에 술 마시는 시간 15분이 주어졌다. 그 나마 공장청소는 아침 식사시간이나 술 마시는 시간에 하도록 되어 있어서 이 식사시간도 대부분 청소하면서 보냈다. 산업재해가 일어나면 보상은커녕 일자리에서 쫓겨났다. 노동자들이 거주하는 슬럼의 상황은 더 열악해서, 맨체스터에서 평균수명은 17년이었는데, 이것은 유아 사망률이 50%를 넘는다는 의미이다.[40] 노예들의 비참함은 이보다 더했다.

기독교의 기여

이러한 자본주의 초기 상황을 보면 사익이 공익과 조화를 이룰 수 있다는 주장이 무색하다. 상인들과 무자비한 공장주들의 무제한적인 사익 추구를 절제시키는 힘은 어디에서 오는 것인가? 경쟁과 도덕감정 등에 의해서 조화를 꾀할 수 있을 것인가? 이러한 잔인한 노동환경에 대해서 영국인들의 관심을 기울이도록 만드는데 영국의 웨슬리운동 등 기독교의 이타주의가 중요한 역할을 했다.

애덤 스미스와 비슷한 시기를 살았던 감리교 창시자인 영국의 존 웨슬리(John Wesley, 1703 ~ 1791)는 교리적 해석보다는 실제적 삶의 변화에 초점을 맞추었다. '책임적으로 응답하는 은총(responsible grace)'을 강조했던 웨슬리는 가난한 사람들을 경제적으로 돕는 운동에 나서면서 사랑을 삶에서 실천할 것을 강조했다.[41] 그는 성화란 우리의 가진 것을 이웃에게 나누어 주는 모습으로 나타나야 한다고 했다. 이웃에게 나눠주기 위해서 최대한 벌고(gain all you can) 최대한 아껴 쓰고(save all you can) 최대한 베푸는(give all you can) 청지기 정신과 재산 상속 반대, 베풂을 통한 하늘나라 저축 등을 강조하였다. 그리고 세제 개혁, 노예해방, 교도소 개혁, 여성 해방, 산업 노동자의 노조운동 등에 직접 참여하여 신앙을 실천하였다.[42] 그래서 "막스 베버는 웨슬리의 영향을 받은 감리교도들이 미국의 자본주의 정신을 만들어 가는데 결정적으로 기여했으며, 미국사회가 실용주의 사회가 된 것에는 웨슬리의 종교개혁이 한몫을 했다고 주장했다."[43] 웨슬리가 속했던 옥스퍼드의 홀리 클럽(Holy Club)은 가난한 사람들과 수감자들을 위해 봉사했다. 그리고 19세기 런던의 클라팜 당은 윌리엄 윌버포스를 도와 노예무역이 폐지되도록 하는데 큰 역할을 했다.[44] 영화『어메이징 그레이스』에서 보듯이 윌버포스는 목사가 되려다가 노예무역 폐지운동을 평생의 사명으로 생각하고 1780년에 하원의원에 출마하여 당선되었다. 그는 1787년 노예해방 투쟁을 시작하여 18년 만인 1807년에 노예무역폐지법을 이끌어내었고 마침내 1833년에 노예해방법이 통과되었다. 이렇게 비인간적인 노예제도가 폐지되는 데는 기독교인들의 역할이 매우 컸다.[45]

이타주의와 사익 추구는 갈등이 없다

요약하면 기독교가 이타적인 사랑을 매우 강조하고, 물질주의와 욕망의 절제를 강조하기 때문에 사익 추구에 대해서 부정적으로 인식한다고 오해받지만, 실상 사익 추구를 나쁘게 보는 것이 아니다. 그리고 기독교가 강조하는 높은 윤리기준은 오히려 자본주의의 질서를 가능하게 하는 동감의 감정을 더욱 부추김으로써 자본주의가 잘 작동하는데 도움을 주었다.

기독교가 윤리를 강조하는 것은 사익을 나쁘게 보기 때문이 아니라, 자발적인 나눔을 통해서 사회문제를 해결하는 것이 강제에 의한 해결보다 바람직하다고 인식하기 때문이다. 그리고 인간을 교육과 학습으로 완벽하게 이타적인 존재로 바꿀 수는 없지만, 그래도 어느 정도는 영향을 미칠 수 있다고 보기 때문에 높은 도덕적 행동을 요구하는 것이다.

기독교는 인간이란 존재는 저절로 선한 존재로 변할 수 있을 정도로 낙관적이지도 않고, 반드시 강제에 의해서만 질서를 잡을 수 있을 정도로 비관적이지도 않다고 본다. 인간에게는 어느 정도의 도덕 감정도 있고, 제도를 통해서 어느 정도 자신의 이기심을 절제할 수 있다. 그래서 이웃사랑에 대한 가르침으로 자발적으로 이타적인 사랑을 실천하는 것도 필요하다고 보는 것이다. 이러한 이유로 사랑의 실천을 강조하는 것이지, 사랑으로 유토피아를 건설할 수 있다거나, 정부나 제도의 역할이 불필요하다고 주장하는 것은 아니다.

참고문헌

Fairnington, Alan(앨런 패닝턴). 2010. *The Age of Selfish Altruism*. 김선아 역 (2011). 『이기적 이타주의자』. 사람의 무늬.

Aquinas, Thomas(토마스 아퀴나스). *Compendium Theologiae*. 『신학요강』 박승찬 역(2008). 나남출판.

Augustine(어거스틴). *The Confessions*. 김광채 역(2004). 『고백록』. CLC.

Goudzwaard, Bob(봅 하우즈바르트). 1978. Capitalism and Progress. 김병연?정세열 공역 (1989). 『자본주의와 진보사상』. 서울: IVP.

Nash, Ronald H.(로널드 내쉬). 1986. *Christianity and Capitalism*. 이상용 역(1991). 『기독교와 자본주의』 한뜻으로.

Possidius(포시디우스). 430-437?. *Vita Augustini*. 이연학 · 최원오 역(2008). 『아우구스티누스의 생애』. 분도출판사.

Lee, John D. 2011. http://onecalling.tistory.com/m/post/52. (2011/04/14 15:50.)

Robert Heilbroner and William Milberg(로버트 하일부로너 · 윌리엄 밀버그). 2007. *The Making of Economic Society*. 12th. ed. 홍기빈 역 (2010). 『자본주의 어디서 와서 어디로 가는가』. 미지북스.

Smith, Adam(애덤 스미스). 1759. *Theory of Moral Sentiment*. 박세일?민병균 공역 (2009). 『도덕감정론』(개역판). 비봉출판사.

Smith, Adam(애덤 스미스). 1776. *The Wealth of Nations: An Inquiry into the Nature and Causes*. 김수행 역 (1992). 『국부론 상, 하』. 동아출판사.

Stapleford, John E.(존 스테이플포드). 2002. *Bulls, Bears, and Golden Calves*. 이우성 역(2007). I『그리스도인의 경제학 산책』. ISLE.

Stott, John(존 스토트). 2006. *Issues Facing Christians Today*. 4th. ed. 『현대 사회 문제와 그리스도인의 책임』. 정옥배 역(2011). IVP.

Weber, Max(막스 베버). 1920. *Gesammelte Aufsätze zur Religionssoziologie* (*The*

Protestant Ethic and the Spirit of Capitalism). 박성주 역 (1988). 『프로테스탄티즘의 윤리와 자본주의 정신』. 문예출판사.

김승욱. 2008. "한국 기독경제학의 유형과 발전방향" 『신앙과 학문』. 13(1). 9-44.

김승욱. 2009. "한국에서의 재물관 논쟁에 대한 비판적 고찰." 『신앙과 학문』. 14(3). 41-93.

김종현. 1988. 『경제사』. 경문사.

이만기. 1992. 『기독교와 경제윤리』. 일신사.

인용태. "요한웨슬리(John Wesley, AD. 1703-1791)의 영성". http://www.hojudonga.com/news/articleView.html?idxno=27600.

황의서. 2014. 『경제윤리- 신의 성품을 가진 경제인』. 무역경영사.

주석

1) Ronald Nash, 『기독교와 자본주의』 125. 웨스턴켄터키대학 종교 및 철학교수인 로널드 내쉬의 저서로는 『신앙과 이성 Faith and Reason』, 『사회정의와 기독교 Social Justice and the Christian Church』, 『하나님의 말씀과 인간의 마음 The Word of God and the Mind of Man』, 『자유, 정의 그리고 국가 Freedom, Justice and the State』, 『해방신학 Liberation Theology』 등이 있다.

2) '성경적 토지정의를 위한 모임'의 소속 기독 경제학자들은 구약성경 레위기 25장의 희년사상을 근거로 토지는 공유되어야 한다는 주장을 한 미국의 켈리포니아의 예언자라 불리던 헨리 조지의 사상을 수용한다. 이들은 한국의 각종 경제문제도 토지투기 때문이라고 주장을 하며, 토지공개념을 법제화 시키는데 일조했다. 이들은 북한과 통일하면 북한 지역은 모두 공유지로 해야 한다고 주장한다. 그리고 이들은 성경에 기초하여 경제학을 새로 만들어야 한다고 주장하며, 맘몬의 경제학인 주류경제학을 수용하는 경제학자들은 세상

과 타협하는 경제학자들이라고 비판하고 있다. 김승욱(2008) 참고. 맘몬에 대해서는 주석7을 참조할 것.

3) 개인이익, 개인이해, 자기이익 등 다양한 용어로 번역이 되고 있으나 이 글에서는 사익으로 번역한다.

4) 개신교와 가톨릭교회에서 사용하는 십계명이 약간 다른데, 여기에서는 개신교의 십계명을 소개한다. 1.너는 나 외에는 다른 신들을 네게 두지 말라. 2.너를 위하여 새긴 우상을 만들지 말고, 또 위로 하늘에 있는 것이나, 아래로 땅에 있는 것이나, 땅 아래 물속에 있는 것의 어떤 형상도 만들지 말며, 그것들에게 절하지 말며, 그것들을 섬기지 말라. 3.너는 네 하나님 여호와의 이름을 망령되게 부르지 말라. 4.안식일을 기억하여 거룩하게 지키라. 5.네 부모를 공경하라. 6.살인하지 말라. 7.간음하지 말라. 8.도둑질하지 말라. 9.네 이웃에 대하여 거짓 증거하지 말라. 10.네 이웃의 집을 탐내지 말라.

5) '맘모나스'는 신약성경 중에 4번 등장하는데, 한글 성경에서는 모두 "재물"로 번역을 했다. 이 밖에 이 단어가 사용된 성경구절은 다음과 같다. "내가 너희에게 말하노니 불의의 재물로 친구를 사귀라 그리하면 없어질 때에 저희가 영원한 처소로 너희를 영접하리라(누가복음 16:9)." "너희가 만일 불의한 재물에 충성치 아니하면 누가 참된 것으로 너희에게 맡기겠느냐(누가복음 16:11)." "집 하인이 두 주인을 섬길 수 없나니 혹 이를 미워하고 저를 사랑하거나 혹 이를 중히 여기고 저를 경히 여길 것임이니라 너희가 하나님과 재물을 겸하여 섬길 수 없느니라(누가복음16:13)."

6) 존 밀턴의 실낙원에는 맘몬을 하나님과 동등한 위치에 있는 재물을 뜻하는 단어로 의인화되어 있다. 맘모니즘(mammonism)을 황금만능주의 또는 물질만능주의, 돈 제일주의라고도 한다(Lee, 2011).

7) "돈을 사랑함이 일만 악의 뿌리가 되나니 이것을 사모하는 자들이 미혹을 받아 믿음에서 떠나 많은 근심으로써 자기를 찔렀도다"

8) "악인은 그의 마음의 욕심을 자랑하며 탐욕을 부리는 자는 여호와를 배반하여 멸시하나이다(시편10:3)."

9) "음행과 온갖 더러운 것과 탐욕은 너희 중에서 그 이름조차도 부르지 말라 이

는 성도에게 마땅한 바니라(에베소서5:3)."

10) "그러므로 땅에 있는 지체를 죽이라 곧 음란과 부정과 사욕과 악한 정욕과 탐심이니 탐심은 우상 숭배니라(골로새서3:5)."

11) 욕심이 많은 자는 다툼을 일으키나 여호와를 의지하는 자는 풍족하게 되느니라(잠언28:25).

12) 탐욕이 지혜자를 우매하게 하고 뇌물이 사람의 명철을 망하게 하느니라(전도서7:7)

13) 영어식 발음은 어거스틴(Augustine)이다. 아우구스티누스는 로마 초대 황제인 옥타비아누스에게 주어진 황제의 칭호 아우구스투스(Augustus, 존엄자)의 축소형이므로 '작은 존엄자'라는 의미이다.

14) Possidius, 『아우구스티누스의 생애』, 11. 바울에 버금가는 공헌을 한 것으로 평가하는 학자도 있다. 특히 그는 행위가 아니라 하나님의 은총에 의해서 구원을 받는다고 하는 은총론으로 유명하며 후에 종교개혁가들에게 영향을 준 것으로 잘 알려져 있다.

15) 아우구스티누스는 서로마제국이 몰락하던 4세기에 로마의 몰락이 기독교의 유일신 사상으로 인해 로마의 신들이 약화되었기 때문이라는 주장에 대응하여 『신국론』을 저술하였다.

16) 아우구스티누스가 자신의 회심과정을 기록한 『고백록(Confessiones)』에 의하면 그는 플라톤의 사상에 많은 영향을 받았다. 플라톤의 이원론의 영향으로 인해서, 그는 이 세상을 이렇게 두 가지로 구분했다. (Augustine, 『고백록』, CLC, 제7권 참고). 이원론(二元論)이란 선과 악과 같이, 어떤 것을 상호간에 독립적인 두 가지 근본 원리로 설명하는 입장을 말한다. 서양의 이원론은 플라톤의 이원론에서 시작되었다. 플라톤은 이데아(정신)계와 물질(또는 현상계)로 세상이 구성되었다고 보았다. 이후에 이원론은 아리스토텔레스의 주관과 객관, 아퀴나스의 은총과 자연, 데카르트의 육체와 사유 등으로 발전하였다.

17) 황의서, 『경제윤리』, 53.

18) Goudzwaard, 『자본주의와 진보사상』, 57.

19) 귀족가문에서 태어난 토마스 아퀴나스는 부모가 고위성직자가 되기를 바랐지만, 탁발수도승인 도미니코수도회에서 청렴한 삶을 살았다. 그는 '벙어리 황소'라는 별명처럼 과묵했으며, 평생 오직 학문의 길만 걸어갔다. 그의 대표적인 저작인 『신학대전, Summa theologiae』은 영역본의 경우 60권에 달하는 신학과 철학의 백과사전과 같은 대작인데, 아직도 한국어로는 10여 권만이 번역되었을 뿐이다. 또한 이교에 대한 논쟁을 다룬 『대이교도대전』도 주해까지 포함하면 10권에 달한다. 그의 저술을 요즈음 평균 책의 두께로 만들면 약 300-400권정도 된다고 한다. 그런데 인생의 말기에는 미사 도중 신비한 체험을 하고 난 후에 "내게 계시된 모습에 비하면 내가 쓴 것은 모두가 나에게는 지푸라기처럼 보인단 말이야."라는 말을 하면서 저작활동을 중단했다(Aquinas, 『신학요강』, 503-508).

20) 인간을 영과 육으로 구성되어 있다고 본 아우구스티누스와 달리 아퀴나스는 인간이 영과 혼과 육의 세 가지로 구성되어 있다는 삼분설을 주장했다. 그리고 혼과 육은 밀접하게 연관되어 있기 때문에 육체가 약해지면 혼도 약해지며, 따라서 인간의 혼은 영의 지배 뿐만 아니라, 육체와 주변 환경의 영향을 받을 수도 있다고 보았다(황의서, 『경제윤리』, 78-79).

21) 황의서, 『경제윤리』, 82.

22) 황의서, 『경제윤리』, 95.

23) Heilbroner and Milberg, 『자본주의, 어디서 와서 어디로 가는가』에서 재인용.

24) Weber, 『프로테스탄티즘의 윤리와 자본주의 정신』, 96.

25) Weber, 『프로테스탄티즘의 윤리와 자본주의 정신』, 89.

26) "세속적 직업에서의 의무 이행을 도덕적 자기 행위 일반이 취할 수 있는 최고의 내용으로서 존중"했다(막스 베버, 『프로테스탄티즘의 윤리와 자본주의 정신』, 122).

27) Weber, 『프로테스탄티즘의 윤리와 자본주의 정신』, 124.

28) Weber, 『프로테스탄티즘의 윤리와 자본주의 정신』, 194-195.

29) Weber, 『프로테스탄티즘의 윤리와 자본주의 정신』, 248.

30) Weber, 『프로테스탄티즘의 윤리와 자본주의 정신』, 336.

31) Weber, 『프로테스탄티즘의 윤리와 자본주의 정신』, 341-343. 섭리란 기독교적 용어로 하나님이 인간 세상과 우주 만물을 간섭하여 다스리는 하나님의 뜻을 말한다.

32) Fairnington, 『이기적 이타주의자』, 11.

33) 김승욱(2009). "한국에서의 재물관 논쟁에 대한 비판적 고찰", 41-93.

34) 이만기 (1992), 『기독교와 경제윤리』, 117.

35) 애덤 스미스 (1759) 『도덕 감정론』, 3.

36) 애덤 스미스 (1759) 『도덕 감정론』, 1부.

37) Stapleford, (2002), 『그리스도인의 경제학 산책』, 59-60.

38) 당시 영국은 '피의 법전'이라고 부를 정도로 사형에 처할 수 있는 범죄의 종류가 200여종이 있었다.

39) 김종현, 『경제사』, 364

40) Heilbroner and Milberg, 『자본주의 어디서 와서 어디로 가는가』, 183-185.

41) 그렇다고 웨슬리가 중세처럼 인간이 의지적으로 노력하면 하나님이 은총을 베푸신다고 하는 '인신협동'(인간 50%, 하나님 50%)을 수용한 것은 아니다. 웨슬리는 하나님이 먼저 역사하면 인간이 응답하는 '신인 협동'(하나님 100%, 인간 100%)을 주장했다. 구원의 출발은 하나님이 먼저 인간을 의롭다고 하는 칭의(Justification)이지만, 구원의 완성인 성화(sanctification)는 믿음과 행함으로 이루어진다고 보았다(황의서, 『경제윤리』, 146-7).

42) 인용태, 『요한웨슬리(John Wesley, AD. 1703-1791)의 영성』

43) 황의서, 『경제윤리』, 146-147.

44) Stort, 『현대사회문제와 기독교적 답변』, 104.

45) 당시 모든 기독교인들이 노예무역을 찬성한 것은 아니다. 교회 가운데 현실적인 이유로 노예제도를 옹호한 교회들도 있었다. 그러나 인간이 인간을 노예로 사용하는 것은 성경적이지 않다는 이유로 의회에서 노예무역 폐지를 이

끌었던 것은 기독교정신에 입각한 윌버포스의 공이 크다는 것은 사실이다.

사익론

펴낸날 초판 1쇄 2015년 3월 25일

엮은이 현진권
펴낸이 김광숙
펴낸곳 백년동안
출판등록 2014년 3월 25일 제406-2014-000031호

주소 경기도 파주시 광인사길 30
전화 031-941-8988 팩스 070-8884-8988
이메일 on100years@gmail.com

ISBN 979-11-86061-14-5 03320

※ 값은 뒤표지에 있습니다.
※ 잘못 만들어진 책은 구입하신 서점에서 바꾸어 드립니다.

이 도서의 국립중앙도서관 출판시도서목록(CIP)은 서지정보유통지원시스템 홈페이지(http://seoji.nl.go.kr)와 국가자료공동목록시스템(http://www.nl.go.kr/kolisnet)에서 이용하실 수 있습니다.(CIP제어번호: CIP2015005186)

책임편집 홍훈표